国网山东省电力公司泰安供电公司

智慧营销稽查工作手册

国网山东省电力公司泰安供电公司◎组编

中国电力出版社

CHINA ELECTRIC POWER PRESS

内 容 提 要

国家电网有限公司高度重视营销稽查工作，2020 年以来，营销稽查营销全业务质量监督作用越来越重要。本书根据国网山东省电力公司泰安供电公司营销稽查工作实际开展工作经验编写而成。

本书共分为八章，主要内容包括营商环境专项稽查、客户服务专项稽查、计量装置配置及违约窃电风险点、分布式光伏并网服务稽查要点、春季用电异常稽查要点、变更用电服务稽查要点、非市场化客户电价稽查要点、专变超容治理稽查要点。

本书可供省市县所四级营销稽查从业人员使用，也可供相关专业人员参考借鉴。

图书在版编目（CIP）数据

国网山东省电力公司泰安供电公司智慧营销稽查工作
手册 / 国网山东省电力公司泰安供电公司组编. -- 北京：
中国电力出版社，2024. 12. -- ISBN 978-7-5198-9487
-0

Ⅰ. F426. 61-62

中国国家版本馆 CIP 数据核字第 2025ZZ1584 号

出版发行：中国电力出版社
地　　址：北京市东城区北京站西街 19 号 （邮政编码 100005）
网　　址：http://www.cepp.sgcc.com.cn
责任编辑：罗　艳 （010-63412315）
责任校对：黄　蓓　马　宁
装帧设计：张俊霞
责任印制：石　雷

印　　刷：廊坊市文峰档案印务有限公司
版　　次：2024 年 12 月第一版
印　　次：2024 年 12 月北京第一次印刷
开　　本：710 毫米×1000 毫米　16 开本
印　　张：14.25
字　　数：158 千字
定　　价：66.00 元

编　委　会

编 写 组

主　编　唐　晓　赵建文

副主编　刘　宁　田　晓　张　帝　孟　浩　柳　晓

成　员　王　帅　高　慧　张　虎　彭荣峰　李泽冰
　　　　许　明　樊相臣　姜　鹏　来晓帅　孙联喜
　　　　吴　宝　吕　晶　陈煜文　吕丽丽　张振东
　　　　李涵涵　陈乐乐　毕晓风　杨干廷　李东山
　　　　刘贵彬　李秀芳　戴丽平　张丽华　尹加坤
　　　　谷　洋　王　萌　陈　洁　李　清　李艺博
　　　　史　琳　董　乐　董倩文　郭　旭　王瑞顶
　　　　万国超　李　玥　任　谦　吕成虎　王　明
　　　　薛广奉　刘和鹏　周生治　郑绘绘　陈子璇
　　　　赵文波　张　柱　马仁荣　刘　慧　刘伟曜
　　　　乔福泉　翟娜娜　程岳雷　孙玉虎　高立东
　　　　李腾昌　马晓燕　张秀丽　李　婷　朱向征
　　　　石国彬　王沈征　国　鑫　李　悦　李德伦
　　　　单才伟　张甲哲　徐偲侨　赵　君　李　峥
　　　　赵平亮　赵　勇　蒋　健　周德君　范　宝
　　　　张岩亮　孙　斌　聂莹坤　王　一　尉立新
　　　　王雪梅　葛　霆　公为刚　程思瑾　李　洁

李心一
王光磊
韩霖坤
苏再道
郝越
马士标
刘立军
郑恒群
郭玮

吴晟
王蕾
刘丹丹
公海云
马明文
王玉玲
崔承良
范伟
张艳令
李浩

王俊雄
客飞
徐玉璋
程建军
孔亚菲
薛云原
高洒西
庞形彤
王晓姗

王蕊
龚晓婷
刘元尊
苏昆仑
秦嘉昌
祁
马苹苹
李文琦
李英姿
朱传林

李童
翟璐
王泽环
高晓华
王浩
颜浩
刘喆
李瑶
尹瑶
田军

前 言

　　国网山东省电力公司泰安供电公司高度重视营销稽查工作，为对内强化业务管理，对外提升群众满意，国网泰安供电公司营销稽查监控中心于2022年6月正式成立。自成立以来，国网泰安供电公司营销稽查监控中心按照"旗帜领航再登高，创新驱动走在前"的工作部署，通过强化内部系统工单和外部客户诉求双向分析，在山东省全省内率先建立"市县所一体运作，营商环境、客户服务与营销稽查深度融合"的"三全"（全业务、全流程、全环节）稽查工作模式。以客户诉求促进专业改进提升，对内强化营销业务合规、高效，对外强调政府肯定、企业认可、群众满意，真正做到"用心用情"，实现"宜商惠民"。

　　近年来，国家电网有限公司高度重视营销稽查与质量监督体系建设工作，建立了完整的组织体系、业务体系和制度体系，营销精益管理和优质服务水平持续提升，提质增效成果显著。但从内外部审计和监督检查发现的问题来看，泰安公司营销基础管理工作仍存在一些薄弱环节，亟需强化信息化支撑，深化数字化转型，全面提升营销业务风险识别能力和防控能力。开展营销业务风险数字化内控体系建设，是全面落实依法治企、防范营销重大风险的迫切需要；是全面顺应数字化转型、提升营销服务品质的内在需求；是全面夯实营销基础、推动营销高质量发展的必要手段。

本书根据国网山东省电力公司泰安供电公司智慧营销稽查实际开展中的各种问题案例和典型经验编写而成，用于加强营销稽查精益管理，强化基层单位营销稽查发现异常、整改异常的能力，提高营销稽查效率效益，供各级营销稽查工作人员及相关专业管理工作者学习借鉴。

编者

2024 年 10 月

目 录

第一章 营商环境专项稽查

本书按照业扩报装环节,对每个环节可能存在的问题进行分析稽查,并提出了预防管控措施,可有效指导稽查工作人员做好营商环境问题稽查管控。

第一节 受理申请

1. 政策依据

《国家电网公司业扩报装管理规则》[国网(营销/3)378—2019]

第六十七条 向客户提供营业厅、"掌上电力"手机 App、95598、网站等办电服务渠道,实行"首问负责制""一证受理""一次性告知""一站式服务"。对于有特殊需求的客户群体,提供办电预约上门服务。

第六十八条 受理客户用电申请时,应主动向客户提供用电咨询服务,接收并查验客户申请资料,及时将相关信息录入营销业务应用系统,由系统自动生成业务办理表单(表单中办理时间和相应二维码信息由系统自动生成)。推行线上办电、移动作业和客户档案电子化,坚决杜绝系统外流转。

(1)实行营业厅"一证受理"。受理时应询问客户申请意图,向客户提供业务办理告知书,告知客户需提交的资料清单、业务办理流程、收费项目及

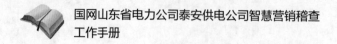

标准、监督电话等信息。对于申请资料暂不齐全的客户，在收到其用电主体资格证明并签署"承诺书"后，正式受理用电申请并启动后续流程，现场勘查时收资。已有客户资料或资质证件尚在有效期内，则无需客户再次提供。推行居民客户"免填单"服务，业务办理人员了解客户申请信息并录入营销业务应用系统，生成用电登记表，打印后交由客户签字确认。

（2）提供"掌上电力"手机 App、95598 网站等线上办理服务。通过线上渠道业务办理指南，引导客户提交申请资料、填报办电信息。电子座席人员在一个工作日内完成资料审核，并将受理工单直接传递至属地营业厅，严禁层层派单。对于申请资料暂不齐全的客户，按照"一证受理"要求办理，由电子座席人员告知客户在现场勘查时收资。

（3）实行同一地区可跨营业厅受理办电申请。各级供电营业厅，均应受理各电压等级客户用电申请。同城异地营业厅应在 1 个工作日内将收集的客户报装资料传递至属地营业厅，实现"内转外不转"。

2. 稽查要点

（1）受理客户用电申请，是否"一口对外"，实行"首问负责制"，一次性告知用户业务办理流程、申请所需资料清单、收费项目与标准以及相关注意事项等信息。

（2）是否实现同城异地受理用电业务。

（3）是否实现居民客户"零证办电"、企业用户"一证办电"。

（4）是否需要整改，对需要整改的，应提出整改措施并进行闭环管控。

（5）是否涉及人员工作差错，对存在差错的有无落实责任考核。

3．典型案例

（1）客户情况。客户××发展协会与客户××矿业有限责任公司系统中显示用电地址相同，属一址多户。稽查人员通过以周为周期抽取营销系统内上周新归档的高压新装、增容、更名、过户用户，与系统档案比对，筛选同一报装地址有 2 户及以上的，且合计容量在 315kVA 及以上的用户明细，不需要判断户名相同，增加剔除两户都是大工业的用电类别，剔除用电类别为大工业用电、大工业中小化肥、大工业其他优待。（剔除规则：剔除农业生产、居民生活用电类别）

（2）稽查过程。2021 年 11 月 16 日，稽查人员发现，客户××发展协会、客户××矿业有限责任公司 2 个客户系统中显示用电地址相同，属一址多户。在系统中核实 2 个客户的用电产权 T 接分界点。以上 2 个客户不存在同一报装地址有 2 个客户及以上业务费收取不规范及规避大工业电价的情况。

（3）整改措施。于 2021 年 11 月 16 日，供电所营销员将客户××矿业有限责任公司用电地址进行修改。

4．管控措施

按照"四不放过"原则（事故原因未查清不放过、责任人员未处理不放过、整改措施未落实不放过、有关人员未受到教育不放过），核查问题整改及责任追究情况，确保根源剖析到位、问题整改到位、责任追究到位。稽查发现的相关问题问题，在发现一周内反馈调查报告。逾期未反馈报告，问题整改不到位、措施不落实，同类问题重复发生或被上级

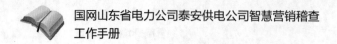

检查发现，按照泰安公司绩效考核方案"规范业务办理，不发生体外循环、三指定、投资界面执行不到位、不规范收费、一址多户问题，每发生一件考核一定分数，被上级检查通报的按上限考核"的规定，在泰安公司月度绩效兑现。

按照《国家电网有限公司关于印发持续优化营商环境提升供电服务水平两年行动计划的通知》（国家电网办〔2018〕1028号），个人新装实行零证办理，企业新装实行一证办理。

第二节　现场勘查和供电方案答复

1. 政策依据

《国家电网公司业扩报装管理规则》[国网（营销/3）378—2019]

第六十九条　根据与客户预约的时间，组织开展现场勘查。现场勘查前，应预先了解待勘查地点的现场供电条件。

第七十条　现场勘查实行合并作业和联合勘查，推广应用移动作业终端，提高现场勘查效率。

（1）低压客户实行勘查装表"一岗制"作业。具备直接装表条件的，在勘查确定供电方案后当场装表接电；不具备直接装表条件的，在现场勘查时答复客户供电方案，由勘查人员同步提供设计简图和施工要求，根据与客户约定时间或配套电网工程竣工当日装表接电。

（2）高压客户实行"联合勘查、一次办结"，营销部（客户服务中心）负责组织相关专业人员共同完成现场勘查。

第七十一条 现场勘查应重点核实客户负荷性质、用电容量、用电类别等信息,结合现场供电条件,初步确定供电电源、计量、计费方案,并填写现场勘查单。勘查主要内容包括:

(1)对申请新装、增容用电的居民客户,应核定用电容量,确认供电电压、用电相别、计量装置位置和接户线的路径、长度。

(2)对申请新装、增容用电的非居民客户,应审核客户的用电需求,确定新增用电容量、用电性质及负荷特性,初步确定供电电源、供电电压、供电容量、计量方案、计费方案等。

(3)对拟订的重要电力客户,应根据国家确定重要负荷等级有关规定,审核客户行业范围和负荷特性,并根据客户供电可靠性的要求以及中断供电危害程度确定供电方式。

(4)对申请增容的客户,应核实客户名称、用电地址、电能表箱位、表位、表号、倍率等信息,检查电能计量装置和受电装置运行情况。

第七十二条 对现场不具备供电条件的,应在勘查意见中说明原因,并向客户做好解释工作。勘查人员发现客户现场存在违约用电、窃电嫌疑等异常情况,应做好记录,及时报相关责任部门处理,并暂缓办理该客户用电业务。在违约用电、窃电嫌疑排查处理完毕后,重新启动业扩报装流程。

第七十三条 依据供电方案编制有关规定和技术标准要求,结合现场勘查结果、电网规划、用电需求及当地供电条件等因素,经过技术经济比较、

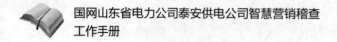
与客户协商一致后，拟订供电方案。方案包含客户用电申请概况、接入系统方案、受电系统方案、计量计费方案、其他事项等5部分内容：

（1）用电申请概况：户名、用电地址、用电容量、行业分类、负荷特性及分级、保安负荷容量、电力用户重要性等级。

（2）接入系统方案：各路供电电源的接入点、供电电压、频率、供电容量、电源进线敷设方式、技术要求、投资界面及产权分界点、分界点开关等接入工程主要设施或装置的核心技术要求。

（3）受电系统方案：客户电气主接线及运行方式，受电装置容量及电气参数配置要求；无功补偿配置、自备应急电源及非电性质保安措施配置要求；谐波治理、调度通信、继电保护及自动化装置要求；配电站房选址要求；变压器、进线柜、保护等一、二次主要设备或装置的核心技术要求。

（4）计量计费方案：计量点的设置、计量方式、用电信息采集终端安装方案，计量柜（箱）等计量装置的核心技术要求；用电类别、电价说明、功率因数考核办法、线路或变压器损耗分摊办法。

（5）其他事项：客户应按照规定交纳业务费用及收费依据，供电方案有效期，供用电双方的责任义务，特别是取消设计文件审查和中间检查后，用电人应履行的义务和承担的责任（包括自行组织设计、施工的注意事项，竣工验收的要求等内容），其他需说明的事宜及后续环节办理有关告知事项。

第七十四条 对于具有非线性、不对称、冲击性负荷等可能影响供电质量或电网安全运行的客户，应书面告知其委托有资质单位开展电能质量评估，并在设计文件审查时提交初步治理技术方案。

第七十五条 根据客户供电电压等级和重要性分级，取消供电方案分级审批，实行直接开放、网上会签或集中会审，并由营销部门统一答复客户。

（1）10（20）千伏及以下项目，原则上直接开放，由营销部（客户服务中心）编制供电方案，并经系统推送至发展、运检、调控等部门备案；对于电网接入受限项目，实行先接入、后改造。

（2）35千伏项目，由营销部（客户服务中心）委托经研院（所）编制供电方案，营销部（客户服务中心）组织相关部门进行网上会签或集中会审。

（3）110千伏及以上项目，由客户委托具备资质的单位开展接入系统设计，发展部委托经研院（所）根据客户提交的接入系统设计编制供电方案，由发展部组织进行网上会签或集中会审。营销部（客户服务中心）负责统一答复客户。

第七十六条 高压供电方案有效期1年,低压供电方案有效期3个月。若需变更供电方案，应履行相关审查程序，其中，对于客户需求变化造成供电方案变更的，应书面告知客户重新办理用电申请手续；对于电网原因造成供电方案变更的，应与客户沟通协商，重新确定供电方案后答复客户。

第七十七条 供电方案答复期限：在受理申请后，低压客户在次工作日完成现场勘查并答复供电方案；10千伏单电源客户不超过14个工作日；10千伏双电源客户不超过29个工作日；35千伏及以上单电源客户不超过15个工作日；35千伏及以上双电源客户不超过30个工作日。

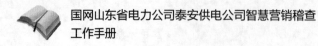

2. 稽查要点

（1）是否存在容量未开放问题。

（2）容量未开放的原因是什么，是否客户主动申请。

（3）是否需要整改，对需要整改的，应提出整改措施并进行闭环管控。

（4）是否涉及人员工作差错，对存在差错的有无落实责任考核。

3. 典型案例

典型案例一

（1）客户情况。客户名称××镇××，用电类别一般工商业。在业扩流程时序倒置专项稽查中，稽查人员通过筛查营销业务应用系统上一统计周期所有在途、已归档的高压新装、增容流程，存在供电方案答复最晚完成时间早于现场勘查最晚完成时间（筛除回退产生的两次时间取数而引起的提数异常）。

（2）稽查过程。客户于 2021 年 3 月 31 日提报业扩报装高压新装业务，按照业扩报装流程时限进行工单流转，2021 年 4 月 1 日进行现场勘查并答复供电方案，2021 年 4 月 21 日进行竣工报验。

因 600/5 互感器库存不足，需将互感器变比调整为 400/5，所以回退到现场勘查环节进行更改。

4 月 23 日进行配表流程环节，经对在库互感器检查，发现 600/5 互感器已有库存，所以将工单回退现场勘查，互感器调整为 600/5 并现场进行安装。

（3）整改措施。加强工作人员业务培训，计量专业将提高计量装置库存率，避免因计量装置更改发生流程回退。

典型案例二

（1）客户情况。客户名称新泰市××农业开发有限公司，用电类别一般工商业。在供电方案答复环节超期在线稽查中，稽查人员通过每月筛查营销业务上一统计周期所有归档、在途的高压新装、增容流程，对高压单电源用户供电方案答复环节超 10 个工作日、高压双电源用户供电方案答复环节超 18 个工作日进行稽查监控。（判断条件：从首次业务受理结束时间到最后一次供电方案答复完成时间）

（2）系统分析。经核实，该工单是由于 2022 年 12 月 1 日因 PMS 3.0 未接收到中压接入点的异动信息，需要再次将供电方案推送至 PMS 3.0 侧，故由送电环节申请调度至供电方案答复环节，且在同日完成供电方案答复环节。实际该户于 2022 年 11 月 24 日完成供电方案答复，供电方案答复环节未超期。

供电方案答复书明确答复了客户接入系统方案、客户受电系统方案、计量方案、计费方案、产权分界点、供电接线示意图等信息和其他告知事项。

4. 管控措施

鼓励检查单位"深入查"，被查单位"彻底改"，在供电所大擂台及公司绩效中有所体现。检查单位发现四类问题（体外循环、三指定、投资界面落实不到位、乱收费）和分布式光伏并网问题，每发现一项问题，在"业扩报装管理规范率"指标加一定分数并设置上限。

第三节　客户受电装置设计审查

1. 政策依据

《国家电网公司业扩报装管理规则》［国网（营销/3）378—2019］

第七十八条　对于重要或者有特殊负荷（高次谐波、冲击性负荷、波动负荷、非对称性负荷等）的客户，开展设计文件审查和中间检查。对于普通客户，实行设计单位资质、施工图纸与竣工资料合并报送。

第七十九条　受理客户设计文件审查申请时，应查验设计单位资质等级证书复印件和设计图纸及说明（设计单位盖章），重点审核设计单位资质是否符合国家相关规定。如资料欠缺或不完整，应告知客户补充完善。

第八十条　严格按照国家、行业技术标准以及供电方案要求，开展重要或特殊负荷客户设计文件审查，审查意见应一次性书面答复客户。重点包括：

（1）主要电气设备技术参数、主接线方式、运行方式、线缆规格应满足供电方案要求；通信、继电保护及自动化装置设置应符合有关规程；电能计量和用电信息采集装置的配置应符合《电能计量装置技术管理规程》、国家电网公司智能电能表以及用电信息采集系统相关技术标准。

（2）对于重要客户，还应审查供电电源配置、自备应急电源及非电性质保安措施等，应满足有关规程、规定的要求。

（3）对具有非线性阻抗用电设备（高次谐波、冲击性负荷、波动负荷、非对称性负荷等）的特殊负荷客户，还应审核谐波负序治理装置及预留空间，电能质量监测装置是否满足有关规程、规定要求。

第八十一条 设计文件审查合格后，应填写客户受电工程设计文件审查意见单，并在审核通过的设计文件上加盖图纸审核专用章，告知客户下一环节需要注意的事项：

（1）因客户原因需变更设计的，应填写《客户受电工程变更设计申请联系单》，将变更后的设计文件再次送审，通过审核后方可实施。

（2）承揽受电工程施工的单位应具备政府部门颁发的相应资质的承装（修、试）电力设施许可证。

（3）工程施工应依据审核通过的图纸进行。隐蔽工程掩埋或封闭前，须报供电企业进行中间检查。

（4）受电工程竣工报验前，应向供电企业提供进线继电保护定值计算相关资料。

第八十二条 设计图纸审查期限：自受理之日起，高压客户不超过 5 个工作日。

2. 稽查要点

（1）是否按规范进行设计单位资质查验。

（2）设计审核时限是否符合要求。

（3）是否按标准进行设计文件审核，并严格把关。

（4）是否需要整改，对需要整改的，应提出整改措施并进行闭环管控。

（5）是否涉及人员工作差错，对存在差错的有无落实责任考核。

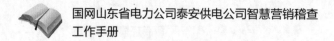
3. 典型案例

(1)客户情况。客户名称××医院，用电类别一般工商业。在中间检查环节超期专项稽查中，稽查人员对每月筛查营销业务应用系统上一统计周期所有归档、在途的高压新装、增容流程，对所有中间检查环节超 3 个工作日的工单进行稽查监控。单次中间检查环节时长判断条件：从本次中间检查开始时间到本次中间检查完成时间。如果存在多个中间检查环节的，取中间检查时长最大的一次进行展示。[取数时间范围：上一统计周期，即上上月 26 日 0 点（含 0 点）至上月 26 日 0 点（不含 0 点）]

(2)稽查过程。2021 年 6 月 9 日，客户××医院提交用电申请，送电时间 2021 年 7 月 26 日，归档时间 2021 年 7 月 27 日，其中，中间检查环节超期，开始时间为 2021 年 7 月 6 日，完成时间为 2021 年 7 月 22 日，环节时长为 13 个工作日，具体原因为 2021 年 7 月 5 日受理第一次中间检查申请，当日至现场进行中间检查，因现场存在缺陷，于是出具中间检查意见单，并向客户说明存在的缺陷需进行整改后再进行现场检查。2021 年 7 月 6 日受理客户第二次中间检查申请，并告知其将于两个工作日内至现场进行检查，7 月 7 日县防疫领导小组要求加大疫情防控力度，考虑配电室在急诊病房区域，客户认为不适合进入现场，客户表示需延后检查，2021 年 7 月 22 日客户经理至现场检查，缺陷已完成整改，工作人员完成中间检查流程。

(3)整改措施。

1)加强员工业扩规定学习，强化全流程管控，对工单流程、环节安排专人盯控,确保所有工单环节符合时限要求。

2)加大客户配电工程施工现场技术指导,确保客户施工进度和工艺标准规范,对施工现场存在的缺陷及时提供技术指导和整改解决方案,确保客户工程及时顺利地完工。

4. 管控措施

筛选营销系统流程名称为"高压新装增容",流程状态为"在途",当前时间距离营业厅受理或者上门业务受理环节的"环节开始时间"大于等于4个工作日且小于等于5个工作日,营业厅受理或者上门业务受理的"环节完成时间"不为空,供电方案答复的"环节完成时间"为空,流程中的电源数目为"单电源"。

筛选营销系统流程名称为"高压新装增容",流程状态为"在途",当前时间距离营业厅受理或者上门业务受理环节的"环节开始时间"大于等于13个工作日且小于等于15个工作日,营业厅受理或者上门业务受理的"环节完成时间"不为空,供电方案答复的"环节完成时间"为空,流程中接入方案信息中的电源数目为"双电源"或"多电源"或"合环多电源"。

第四节　客户受电装置中间检查

1. 政策依据

《国家电网公司业扩报装管理规则》[国网(营销/3)378—2019]

第八十三条　受理客户中间检查报验申请后,应及时组织开展中间检查。

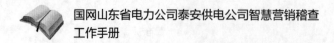
发现缺陷的，应一次性书面通知客户整改。复验合格后方可继续施工。

（1）现场检查前，应提前与客户预约时间，告知检查项目和应配合的工作。

（2）现场检查时，应查验施工企业、试验单位是否符合相关资质要求，重点检查涉及电网安全的隐蔽工程施工工艺、计量相关设备选型等项目。

（3）对检查发现的问题，应以书面形式一次性告知客户整改。客户整改完毕后报请供电企业复验。复验合格后方可继续施工。

（4）中间检查合格后，以受电工程中间检查意见单书面通知客户。

（5）对未实施中间检查的隐蔽工程，应书面向客户提出返工要求。

第八十四条 中间检查的期限，自接到客户申请之日起，高压供电客户不超过 3 个工作日。

2. 稽查要点

（1）针对中间检查环节开始时间、结束时间，在系统内与现场、纸质资料三个场景对应时间是否一致。

（2）超期是否属实，如属实应明确造成超长的原因（业务管理、员工执行、系统问题等）和责任归属（是否供电企业责任），如不属实应提供具体佐证材料。

（3）流程环节是否符合逻辑，造成超期的原因。

（4）是否涉及内部管控不规范。

（5）是否涉及人员经济、廉政风险，对存在员工工作差错的，有无落实责任考核。

3. 管控措施

筛查营销业务应用系统上一统计周期所有新发起的高压新装、增容流程，统计业务受理开始时间前 30 天，存在同类流程终止记录且发起和终止流程工单中供电单位相同、用户名称相同、线路名称相同、合同容量相同的明细进行稽查监控，无合理解释的，疑似体外循环。

第五节　客户受电装置竣工验收

1. 政策依据

《国家电网公司业扩报装管理规则》[国网（营销/3）378—2019]

第八十五条　简化竣工检验内容，重点查验可能影响电网安全运行的接网设备和涉网保护装置，取消客户内部非涉网设备施工质量、运行规章制度、安全措施等竣工检验内容；优化客户报验资料，普通客户实行设计、竣工资料合并报验，一次性提交。

第八十六条　竣工检验分为资料查验和现场查验。

（1）资料查验。在受理客户竣工报验申请时，应审核客户提交的材料是否齐全有效，主要包括：

1）高压客户竣工报验申请表；

2）设计、施工、试验单位资质证书复印件；

3）工程竣工图及说明；

4）电气试验及保护整定调试记录，主要设备的型式试验报告。

（2）现场查验。应与客户预约检验时间，组织开展竣工检验。按照国家、行业标准、规程和客户竣工报验资料，对受电工程涉网部分进行全面检验。对于发现缺陷的，应以受电工程竣工检验意见单的形式，一次性告知客户，复验合格后方可接电。查验内容包括：

1）电源接入方式、受电容量、电气主接线、运行方式、无功补偿、自备电源、计量配置、保护配置等是否符合供电方案；

2）电气设备是否符合国家的政策法规，以及国家、行业等技术标准，是否存在使用国家明令禁止的电气产品；

3）试验项目是否齐全、结论是否合格；

4）计量装置配置和接线是否符合计量规程要求，用电信息采集及负荷控制装置是否配置齐全，是否符合技术规范要求；

5）冲击负荷、非对称负荷及谐波源设备是否采取有效的治理措施；

6）双（多）路电源闭锁装置是否可靠，自备电源管理是否完善、单独接地、投切装置是否符合要求；

7）重要电力用户保安电源容量、切换时间是否满足保安负荷用电需求，非电保安措施及应急预案是否完整有效；

8）供电企业认为必要的其他资料或记录。

（3）竣工检验合格后，应根据现场情况最终核定计费方案和计量方案，记录资产的产权归属信息，告知客户检查结果，并及时办结受电装置接入系统运行的相关手续。

第八十七条　竣工检验的期限，自受理之日起，高压客户不超过 5 个工作日。

2. 稽查要点

（1）是否按规范进行施工单位资质查验。

（2）竣工验收时限是否符合要求。

（3）现场检验时，是否按照查验标准进行检查，并严格把关。

（4）是否需要整改，对需要整改的，应提出整改措施并进行闭环管控。

（5）是否涉及人员工作差错，对存在差错的有无落实责任考核。

3. 典型案例

（1）客户情况。客户名称为泰安市××资源有限公司，用电类别为大工业用电。在竣工验收环节超期专项稽查中，稽查人员通过每月筛查营销业务应用系统上一统计周期所有归档、在途的高压新装、增容流程，对所有竣工验收环节超 3 个工作日的工单进行稽查监控。单次竣工验收环节时长判断条件：从本次竣工验收开始时间到本次竣工验收完成时间。如果存在多个竣工验收环节的，取竣工验收时长最大的一次进行展示。取数时间范围：上一统计周期，即上上月 26 日 0 点（含 0 点）至上月 26 日 0 点（不含 0 点）。

（2）稽查过程。2022 年 4 月 25 日，客户泰安市××资源有限公司提交用电申请，当前该工单已完成信息归档。第 1 次"竣工验收"环节开始时间为 2022 年 6 月 17 日 16:13，完成时间为 6 月 22 日 8:36，该环节未超预警时限但占了 4 个工作日，导致竣工验收环节超时，具体原因为客户于 6 月 17 日第 1 次申请验收送电，因天气原因，客户用电施工现场不符合竣工验收标准、不具备验收条件，要求供电公司取消验收，无法验收送电，工作人员予以"验收不通过"，并于 6 月 22 日将工单由"竣工验收"环节发送至"竣工报验"环节，等待再次报验。客户第 2 次申请验收送电，"竣工验收"环节开始时间为 6 月 28 日 17:24，完成时间为 7 月 1 日 15:19，该环节未超预警时限但占了 4 个工作日，导致竣工验收环节超时，具体原因为客户用电设备原因导致用电施工现场不符合"竣工验收"标准，无法顺利验收送电，工作人员予以"验收不通过"，并于 7 月 1 日将工单由"竣工验收"环节发送至"竣工报验"环节，等待再次报验。7 月 13 日客户发起第 3 次报验，7 月 14 日顺利验收送电，目前流程环节已完成信息归档。因天气影响及客户用电设备等原因，造成多次报验、2 次流程环节超时，全流程出现 3 次"竣工验收"环节，均系天气、设备影响等客户自身原因造成，不涉及工作人员操作失误。

（3）整改措施。加强客户施工进度跟踪，与客户加强沟通联络，为客户定制合理的工程里程碑计划，验收前注意天气等不可抗力影响；加强客户受电工程走访，遇到问题及时沟通，主动提供技术指导和解决方案，避免类似问题再次发生。

客户受电工程竣工检验意见单如图 1-1 所示。

客户受电工程竣工检验意见单

户 号		申请编号		（档案标识二维码，系统自动生成）
户 名				
用电地址				
联 系 人		联系电话		
资料检验		检验结果（合格打"√"，不合格填写不合格具体内容）		
设计、施工、试验单位资质				
设计单位名称：		资质等级：		
施工单位名称：		资质等级：		
试验单位名称：		资质等级：		
工程竣工图及说明				
主要设备的型式试验报告				
电气试验及保护整定调试记录				
接地电阻测试报告				
现场检验意见（可附页）：				
检验人		检验日期		年 月 日
经办人签收：			年 月 日	

图 1-1　客户受电工程竣工检验意见单

4. 管控措施

筛选营销系统流程名称为"高压新装增容"，流程状态为"在途"，当前时间大于等于送电环节的"跨环节预警时间"，送电的"环节完成时间"为空，触发预警。

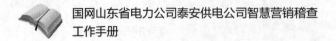
第六节 验 收 接 电

1. 政策依据

《国家电网公司业扩报装管理规则》[国网（营销/3）378—2019]

第一百条 电能计量装置和用电信息采集终端的安装应与客户受电工程施工同步进行，送电前完成。

（1）现场安装前，应根据供电方案、设计文件确认安装条件，并提前与客户预约装表时间。

（2）采集终端、电能计量装置安装结束后，应核对装置编号、电能表起度及变比等重要信息，及时加装封印，记录现场安装信息、计量印证使用信息，请客户签字确认。

第一百〇一条 根据客户意向接电时间及施工进度，营销部门提前在营销业务应用系统录入意向接电时间等信息，并推送至 PMS 系统。在停（送）电计划批复发布后，运检部门通过 PMS 系统反馈至营销业务应用系统。根据现场作业条件，优先采用不停电作业。35 千伏及以上业扩项目，实行月度计划，10 千伏及以下业扩项目，推行周计划管理。

第一百〇二条 对于已确定停（送）电时间，因客户原因未实施停（送）电的项目，营销部门负责与客户确定接电时间调整安排，重新报送停（送）电计划；因天气等不可抗因素，未按计划实施的项目，若电网运行方式没有发生重大调整，可按原计划顺延执行。

第一百〇三条 正式接电前，应完成接电条件审核，并对全部电气设备做外观检查，确认已拆除所有临时电源，并对二次回路进行联动试验，抄录电能表编号、主要铭牌参数、起度数等信息，填写电能计量装接单，并请客户签字确认。

接电条件包括：启动送电方案已审定，新建的供电工程已验收合格，客户的受电工程已竣工检验合格，供用电合同及相关协议已签订，业务相关费用已结清。

第一百〇四条 电后应检查采集终端、电能计量装置运行是否正常，会同客户现场抄录电能表示数，记录送电时间、变压器启用时间等相关信息，依据现场实际情况填写新装（增容）送电单，并请客户签字确认。

第一百〇五条 装表接电的期限

（1）对于无配套电网工程的低压居民客户，在正式受理用电申请后，2个工作日内完成装表接电工作；对于有配套电网工程的低压居民客户，在工程完工当日装表接电。

（2）对于无配套电网工程的低压非居民客户，在正式受理用电申请后，3个工作日内完成装表接电工作；对于有配套电网工程的低压非居民客户，在工程完工当日装表接电。

（3）对于高压客户，在竣工验收合格，签订供用电合同，并办结相关手续后，5个工作日内完成送电工作。

（4）对于有特殊要求的客户，按照与客户约定的时间装表接电。

2. 稽查要点

（1）超短是否属实，如属实应明确造成超短的原因（业务管理、员工执

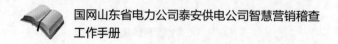

行、系统问题等），如不属实应提供具体佐证材料；

（2）是否供电公司责任、是否涉及人员经济、廉政风险和工作差错，对存在员工工作差错的有无落实责任考核；

（3）是否涉及体外流转。

3. 典型案例

（1）客户情况。客户名称为泰安××置业有限公司，用电类别为一般工商业。在装表接电环节超期专项稽查中，稽查人员通过筛查营销业务应用系统上一统计周期所有归档、在途的高压新装、增容流程，对装表接电环节超3个工作日的工单进行稽查监控。

判断条件：装表接电时长=最后一次【送电】完成时间-［竣工验收、业务收费、合同签订（签订调度协议）］最晚完成时间

（2）稽查过程。2021年12月14日，稽查发现，客户泰安××置业有限公司存在装表接电环节超期问题。经核查，2020年12月1日，工作人员受理泰安××置业有限公司高压新装业务，并于2020年12月7日答复供电方案，2021年11月19日对客户受电工程开展竣工验收，计划于11月20日进行送电，然而按计划开展送电时客户位于地下的配电室内信号放大器出现故障，远程采集装置不能接收信号，无法完成送电工作，直至11月29日信号放大器修复后才完成送电。

（3）整改措施。

1）加强与客户沟通对接，向客户交代清楚装表送电需要具备的条件，提前做好充分准备。

2) 加强客户产权设备的质量把控,特别是对通电后运行的设备提前做好试验,避免延误客户送电时间。

4. 管控措施

筛选营销系统流程名称为"新装增容",流程状态为"在途",当前时间大于等于装表接电环节的"环节预警时间",装表接电的"环节完成时间"为空,触发预警。

第七节 资 料 归 档

1. 政策依据

《国家电网公司业扩报装管理规则》[国网(营销/3)378—2019]

第一百〇六条 推广应用营销档案电子化,逐步取消纸质工单,实现档案信息的自动采集、动态更新、实时传递和在线查阅。在送电后3个工作日内,收集、整理并核对归档信息和资料,形成归档资料清单。

第一百〇七条 制订客户资料归档目录,利用系统校验、95598回访等方式,核查客户档案资料,确保完整准确。如果档案信息错误或信息不完整,则发起纠错流程。具体要求如下:

(1)档案资料应保留原件,确不能保留原件的,保留与原件核对无误的复印件。供电方案答复单、供用电合同及相关协议必须保留原件。

(2)档案资料应重点核实有关签章是否真实、齐全,资料填写是否完整、清晰。

（3）各类档案资料应满足归档资料要求。档案资料相关信息不完整、不规范、不一致的，应退还给相应业务环节补充完善。

（4）业务人员应建立客户档案台账并统一编号建立索引。

2. 稽查要点

（1）超期是否属实，如属实应明确造成超期的原因（业务管理、员工执行、系统问题等），如不属实应提供具体佐证材料。

（2）是否供电公司责任、是否涉及人员经济、廉政风险，对存在员工工作差错的，有无落实责任考核。

（3）是否涉及业务管控风险。

（4）施工合同签订情况比对，重点核查省管产业单位承揽的业扩工程合同签订日期，早于营销系统高压新装、增容流程供电方案答复完成日期的，疑似体外循环。

3. 典型案例

（1）客户情况。发电客户名称张××，全额上网，存在分布式电源并网时限超短问题。稽查人员通过筛查营销业务应用系统上一统计周期内所有分布式电源归档流程，对从首次受理环节至归档完成的时长不超过 2 个工作日情况进行稽查监控，剔除无外部工程的自然人分布式电源。[取数时间范围：上一统计周期，即上上月 26 日 0 点（含 0 点）至上月 26 日 0 点（不含 0 点）]

（2）稽查过程。2020 年 11 月 12 日，泰山景区（旅游经区）供电中心稽查人员发现客户张××存在分布式光伏并网时限超短问题。经核查，问题产生原因为此工单受理时间为 10 月 2 日，工单流程日期为 10 月 2 日至 10 月 9

日，共计 8 天。流程超短原因为该客户由于在外务工，国庆假期回到老家申请光伏并网，并要求在离开前完成归档。由于国庆假期均为非工作日，此工单实际工作流程为 8 天，工作日内流程为 1 天，导致流程超短。

（3）整改措施。为预防此类情况发生，在今后的工作中，加强光伏报装业务流程宣传，让客户了解光伏并网流程，严格申请及报验资料审核，避免类似问题发生。资料归档示例如图 1-2 所示。

工程设计资质证书和营业执照

提供主体： 客户及客户经理

资料审查： 客户经理

审查要点：

①客户提供设计资质证明书复印件即可。

②营业执照、工程设计资质证书需加盖设计单位公章。

③工程设计资质应在有效期范围内。

④资质等级：工程设计综合甲级资质可承担所有行业规划红线内、外电气设计；工程设计行业甲、乙级资质可承担本行业规划红线内电气设计；工程设计电力（送、变电）专业丙级及以上资质可承担相应等级的规划红线内电气设计；规划红线外的线路工程，应提供工程设计电力（送、电）专业丙级及以上资质。

图 1-2　资料存档示例（一）

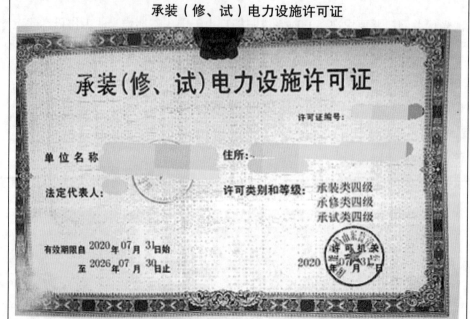

提供主体：客户及客户经理

资料审查：客户经理

审查要点：

①客户提供承装（修、试）电力设施许可证复印件即可。（若无"承试"资格，需单独提供）

②营业执照、工程施工、试验资质证书需加盖施工、试验单位公章。

③工程施工、试验资质应在有效期范围内。

④许可类别和等级：10千伏电压等级的施工和试验应具备五级及以上承装（修、试）电力设施许可证；35千伏电压等级的施工和试验应具备四级及以上承装（修、试）电力设施许可证；110千伏电压等级的施工和试验应具备三级及以上承装（修、试）电力设施许可证；220千伏电压等级的施工和试验应具备二级及以上承装（修、试）电力设施许可证；取得一级承装（修、试）电力设施许可证可从事所有电压等级电力设施的安装活动。

图1-2 资料存档示例（二）

竣工资料

提供主体： 客户

资料审查： 客户经理

审查要点：

1. 竣工图纸

①图纸应满足供电方案的要求。

②图纸中应有2个章（设计资质章和竣工图章）。

③图纸中应有设计人员手写签字且图号应有逻辑顺序。

④图纸中设计日期应到"日"且时间要晚于"高压供电方案答复单日期"早于"送电单日期"。

⑤图纸目录及其卷册不能有分界开关（跌落式熔断器）等由供电公司投资的设备信息。

2. 电气设备交接试验报告

①交接试验报告应根据电压等级和现场设备等，包含变压器试验、真空断路器试验、隔离开关、负荷开关及高压熔断器试验、电缆试验、避雷器试验、接地电阻试验、套管、悬式和支柱绝缘子、二次回路试验等内容。

②500千伏安及以上客户应向供电企业提供进线继电保护定值计算相关资料。

③试验报告中应体现试验环境条件（温度、湿度等）、使用仪器等。

④试验报告中应有试验人员手写签字。

⑤试验日期应到"日"且时间要晚于"高压供电方案答复单日期"早于"竣工验收单日期"。

3. 主要设备的合格证明和型式试验报告

①包括变压器合格证明和型式试验报告，高压开关、避雷器、电缆等设备合格证，若有其他设备合格证明和型式试验报告一并放入。

图 1-2　资料存档示例（三）

4. 管控措施

（1）用电信息采集系统与营销系统比对。高压新装、增容业务用电信息采集系统电能表表码首次冻结日期与营销业务应用系统高压新装工单

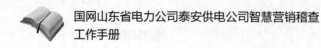
《停（送）电管理》环节完成时间比对，偏差超过 48 小时的，疑似体外循环。

（2）PMS 系统与营销系统比对。PMS 系统停（带）电接火计划执行日期与营销业务应用系统高压新装工单《停（送）电管理》环节完成时间比对，偏差超过 72 小时的（验收合格后，3 个工作日内完成送电），疑似体外循环。

（3）送电后首月电量异常分析。筛查营销业务应用系统所有上一统计周期归档的高压新装专变用电客户，取该用电客户接入用电信息采集系统后的首次月结采集记录，计算该用电客户首次采集记录中用电量与用电容量的比值大于 48 的，疑似体外循环。

本章内容基于国家电网有限公司关于《深化营销稽查与质量监督体系建设两年行动计划》（2020—2021 年）（国家电网营销〔2020〕354 号），建成配套营销全业务、全流程、全环节"查改防"一体化的智慧稽查新模式的营销稽查作业新模式，查摆风险，监控整改，目的是提高供电企业的业务管控能力和风险防范能力，更好指导各级稽查工作人员开展稽查工作。

以营商环境专项稽查为工作重点，对于受理申请、现场勘查和供电方案答复、客户受电装置设计审查、客户受电装置中间检查、客户受电装置竣工验收、装表接电和资料归档业扩流程七大环节从政策依据、稽查要点、典型案例、管控措施四个方面进行了解读，通过分享实际案例和一线工作人员与之应对的整改措施，希望能抛砖引玉，帮助大家更好地完成相关工作。

思考与练习

问题 1：五级承装（修、试）资质能从事哪些工作？

答案：取得五级许可证的，可从事 10kV 以下电压等级电力设施的安装、维修或者试验活动。

问题 2：办理业扩流程申请，工作人员应注意哪些营业规范？

答案：不发生体外循环、三指定、投资界面执行不到位、不规范收费、一址多户问题。

问题 3：业扩归档流程时间怎样把控？

答案：高压新装、增容业务用电信息采集系统电能表表码首次冻结日期与营销业务应用系统高压新装工单《停（送）电管理》环节完成时间比对，应避免偏差超过 48 小时的。

问题 4：电气设备交接试验报告应包括哪些内容？

答案：交接试验报告应根据电压等级和现场设备等，包含变压器试验、真空断路器试验、隔离开关、负荷开关及高压熔断器试验、电缆试验、避雷器试验、接地电阻试验、套管、悬式和支柱绝缘子、二次回路试验等内容。

问题 5：现场勘查和供电方案答复稽查要点有哪些？

答案：（1）是否存在容量未开放问题。

（2）容量未开放的原因是什么，是否客户主动申请。

（3）是否需要整改，对需要整改的，应提出整改措施并进行闭环管控。

（4）是否涉及人员工作差错，对存在差错的有无落实责任考核。

第二章 客户服务专项稽查

客户服务指通过 95598 等外部渠道获取客户诉求，进而对内部工作质量开展专项稽查的方式。客户服务专项稽查主要包括业扩、电费、计量等方面。

第一节 教 学 目 标

（1）了解并掌握客户服务专项稽查工作过程。围绕县级稽查监控中心建设，"稽查+95598+专业"协同联动，从 95598 工单发现问题线索，主动稽查工作中存在的问题，促进专业整改提升。

（2）加强全渠道服务舆情监测，持续做好供电服务明察暗访和第三方满意度测评，深化客户视角供电服务评价，推动服务品质持续优化提升，帮助客户用好电、用上电、不停电。

第二节 95598+稽查+业扩专业

根据 95598 业扩报装投诉工单线索，通过分析投诉工单开展稽查，确认异常问题和产生原因。全方位、多维度挖掘问题，组织开展的线上线下一体化稽查。

1. 相关政策

(1)《国家电网有限公司供电服务标准》(Q/GDW 10403—2021)。

供电营业厅应对外公告营业时间。供电营业厅撤并、迁址、暂停营业应至少提前30天对外公告。供电营业厅名称、服务项目、营业时间变动的应提前7天公告。供电营业厅应准确公示服务承诺、服务项目、业务办理流程、95598供电服务热线、网上国网、95598智能互动网站、服务监督电话、电价、收费项目及标准。营业人员必须提前做好各项营业准备工作，准点上岗，按照公告时间准时营业。

因故必须暂时停办业务时，应列示"暂停服务"标志。临下班时，对于正在处理中的业务应照常办理完毕后方可下班。下班时如厅内仍有等候办理业务的客户，应继续办理。实行首问负责制、一次性告知和限时办结制。居民客户收费办理时间一般每件不超过5分钟，用电业务办理时间一般每件不超过20分钟。客户填写业务登记表时，营业人员应给予热情的指导和帮助，并认真审核；具备条件的地区应提供免填单服务。客户来办理业务时，应主动接待，并适当进行电子渠道的推广，不得怠慢客户。如前一位客户业务办理时间过长，应礼貌地向下一位客户致歉。开展营业厅服务设施巡检，如发生故障不能使用，应当天报修处理，摆设"暂停使用"标志牌，并在10天内修复。

因业务系统、服务设施出现故障等突发情况影响业务办理时，若短时间

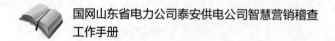

内可以恢复，应请客户稍候并致歉；若需较长时间才能恢复，除向客户说明情况并致歉外，应请客户留下联系电话，以便另约服务时间。

（2）《国家电网公司业扩报装管理规则》［国网（营销/3）378—2019］。

1）向客户提供营业厅、"掌上电力"手机 App、95598 网站等办电服务渠道，实行"首问负责制""一证受理""一次性告知""一站式服务"。对于有特殊需求的客户群体，提供办电预约上门服务。

2）受理客户用电申请时，应主动向客户提供用电咨询服务，接收并查验客户申请资料，及时将相关信息录入营销业务应用系统，由系统自动生成业务办理表单（表单中办理时间和相应二维码信息由系统自动生成）。推行线上办电、移动作业和客户档案电子化，坚决杜绝系统外流转。

3）实行营业厅"一证受理"。受理时应询问客户申请意图，向客户提供业务办理告知书，告知客户需提交的资料清单、业务办理流程、收费项目及标准、监督电话等信息。对于申请资料暂不齐全的客户，在收到其用电主体资格证明并签署"承诺书"后，正式受理用电申请并启动后续流程，现场勘查时收资。已有客户资料或资质证件尚在有效期内，则无需客户再次提供。推行居民客户"免填单"服务，业务办理人员了解客户申请信息并录入营销业务应用系统，生成用电登记表，打印后交由客户签字确认。

4）提供"网上国网"手机 App、95598 网站等线上办理服务。通过线上渠道业务办理指南，引导客户提交申请资料、填报办电信息。电子座席人员在一个工作日内完成资料审核，并将受理工单直接传递至属地营业厅，严禁层层派单。对于申请资料暂不齐全的客户，按照"一证受理"要求办理，由电子坐席人员告知客户在现场勘查时收资。

5）实行同一地区可跨营业厅受理办电申请。各级供电营业厅，均应受理各电压等级客户用电申请。同城异地营业厅应在 1 个工作日内将收集的客户报装资料传递至属地营业厅，实现"内转外不转"。

2．案例分析：业扩报装超时限工单

（1）事件过程。2021 年 3 月 13 日，化马湾乡东某村客户张先生到化马湾营业厅提交产权证明、身份证信息，申请新宅基地房产用电。综合柜员刘某受理申请后，将客户申请信拍照发到供电所微信工作群，并电话告知台区经理黄某办理，但未将客户申请录入营销系统。台区经理电话联系客户后，未到现场办理装表，后因台区经理黄某受伤住院，未继续跟进办理此事。4月 18 日，客户电话联系黄某要求装表，黄某告知客户其受伤住院，待出院后为客户装表，但未将此事反映至供电所，客户表示同意。4 月 28 日，客户拨打 95598 反映相关问题，虽无投诉意愿，但因反映问题触碰服务红线，形成投诉。

（2）违规条款。《国家电网有限公司供电服务标准》（Q/GDW 10403—2021）第 5.1 条"实行首问负责制、一次性告知和限时办结制"。

（3）暴露问题。

1）供电所层面：一是未严格"受理即录入系统"要求，3 月 13 日综合柜员受理客户用电申请后，在微信群提醒台区经理后，未及时生成业务工单，业务时长失去管控。二是未落实"首问负责制"，4 月 18 日台区

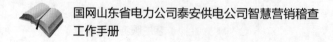

经理收到客户催办电话后，未及时向供电所汇报，也未安排他人代办，导致客户用电需求无人响应。三是未落实线下诉求闭环管控要求，供电所管理不到位，对供电服务员工日常管理缺失，导致相关业务无序开展、违规执行。

2）管理层面：高新中心对供电所业务指导和监管缺失，对营销部的工作要求未迅速传达到一线，管理上存在"宽松软"。营销部日常监管方式单一，对供电所线下业务缺乏信息化手段，未及时发现问题风险并督促整改。

3. 解读针对业扩报装投诉工单进行主动稽查，促进专业整改提升

（1）系统检索。从稽查监控系统查询业扩报装、供用电合同、业扩流程超时限、一址多户等业扩类监控模块，导出问题用户明细表。

（2）在线分析。根据问题用户明细表，会同业扩专业在营销系统查询分析，筛选出风险嫌疑用户。

（3）问题初核。判断该用户是否存在业扩业务不规范问题。

（4）现场检查。稽查人员联合业扩、电价电费、抄表、计量等问题专业人员抵达用户现场，对用户存在问题进行现场检查、核对，查明真实原因和问题。

（5）稽查结论。通过现场检查，得出用户存在问题的确切原因。

（6）问题分析。通过系统档案核对和现场检查分析，总结原因并列出。

（7）工作启示。根据具体问题及原因，列出日常工作中的要求和需注意的地方，对今后工作过程环节进行一个风险提醒。

小结：总结客户服务专项稽查对专业整改提升的意义。

第三节　95598+稽查+电费专业

根据 95598 电价电费投诉工单线索，通过分析投诉工单开展稽查，确认异常问题和产生原因。全方位、多维度挖掘问题，组织开展的线上线下一体化稽查。

1. 相关政策

（1）《山东省购售电价执行细则》，大工业电价指受电变压器［含不通过受电变压器的用电设备（原为高压电动机，当前客户可能会使用高压电锅炉、电热膜等高压设备）］容量在 315 千伏安及以上的下列用电：

1）以电为原动力，或以电冶炼、烘焙、熔焊、电解、电化、电热的工业生产用电。

2）铁路（包括地下铁路、城铁）、航运、电车及石油（天然气、热力）加压站生产用电。

3）自来水、工业实验、电子计算中心、垃圾处理、污水处理生产用电。

依据：国家发展改革委《关于调整销售电价分类结构有关问题的通知》（发改价格〔2013〕973 号）。

基本电价执行方式分为按容量、合同最大需量、实际最大需量三种，由客户自行选择执行，客户可提前 15 个工作日申报变更后三个自然月基本电价计费方式：

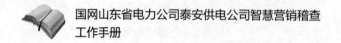
1）容量计费。按客户接网容量每月每千伏安 28 元收取，接网容量含接网运行变压器容量、其他不通过受电变压器的用电设备。

2）合同最大需量计费。按客户申报合同最大需量值每月每千瓦 38 元收取，合同最大需量提前 5 个工作日申报变更，变更周期 1 个月，申报值最小不能小于接网容量40%。最大需量实际完成值不大于申报值 105%的，按申报值计；超过 105%部分的基本电费加倍收取。

3）实际最大需量计费。按客户实际最大需量值每月每千瓦 38 元收取，实际最大需量值为计量装置抄见月度最大需量。

4）两路及以上电源客户，按需量计收基本电费的。对有两路及以上进线的用户，各路进线应分别计算最大需量，累加计收基本电费。

依据：《国家发展改革委办公厅关于完善两部制电价用户基本电价执行方式的通知》（发改办价格〔2016〕1583 号）。

在分别计算最大需量时，如因供电企业有计划的检修或其他原因而造成用户倒用线路而增大需量，其增大部分可在计算用户当月最大需量时合理扣除。

（2）一般工商业电价指除居民生活及农业生产、315 千伏安及以上工业用电外的用电。

一般工商业电价适用范围［依据：《山东省物价局关于简化电价分类降低一般工商业电价水平有关事项的通知》（鲁价格一发〔2018〕39 号）］：

1）受电容量在 315 千伏安以下或者大工业客户暂停（减容）后，容量不足 315 千伏安的工业用电。（工业用电的范围参考大工业电价的适用范围和行业分类）。

2）机关、部队、商店、医院、学术研究、试验等单位及文体、娱乐场所的电动机、电热、电解、电化、冷藏及照明用电。

3）电讯、广播、仓库、码头、车站、加油站、打气站、充电站、下水道等电力用电。

4）基建工地施工用电（包括施工照明）；地下防空设施的通风、照明、抽水用电。

5）允许受电设备容量 315 千伏安及以上的一般工商业用户根据其用电特性，选择性执行两部制电价政策。未申请的继续执行单一制电价，变更周期不少于 3 个月，每年变更不超过两次。

（3）《供电营业规则》（发改令〔2024〕14 号），用户减容分为永久性减容和非永久性减容，须向供电企业提出申请。供电企业应当按照下列规定办理：

1）高低压用户均可以办理减容业务，自减容之日起，按照减容后的容量执行相应电价政策；高压供电的用户，减容应当是整台或整组变压器（含不通过受电变压器的高压电动机）的停止或更换小容量变压器用电，根据用户申请的减容日期，对非永久性减容的用户设备进行加封，对永久性减容的用户受电设备拆除电气连接。

2）申请非永久性减容的，减容次数不受限制，每次减容时长不得少于十五日，最长不得超过两年；两年内恢复的按照减容恢复办理，超过两年的应当按照新装或增容办理。

3）用户申请恢复用电时，容（需）量电费从减容恢复之日起按照恢复后的容（需）量计收；实际减容时长少于十五日的，停用期间容（需）量电费正常收取；非永久性减容期满后用户未申请恢复的，供电企业可以延长减容期限，但距用户申请非永久性减容时间最多不超过两年，超过两年仍未申请恢复的，按照永久性减容办理。

4）申请永久性减容的，应当按照减容后的容量重新签订供用电合同；永久性减少全部用电容量的，按照销户办理；办理永久性减容后需恢复用电容量的，按照新装或增容办理。

2. 案例分析：两部制电价执行异常

（1）事件过程。2021年3月，客户陈先生投诉，反映自己在2021年2月份电费过多，经核实，该用户于2021年2月6日提交申请暂停800kVA变压器申请，2021年2月22日申请暂停恢复800kVA变压器，但在营销系统内，均未发生电价档案信息变更，导致电价执行错误，电费计收不规范。发现问题后，3月12日进行现场核实，经核实，该用户为服装厂，受电设备为800kVA和200kVA变压器各一台，执行两部制（按容量计收基本电费）大工业电价，2月6日客户因春节放假，特申请暂停800kVA变压器，2021年2月22日开工后又申请暂停恢复800kVA变压器，因工作人员未在营销系统内进行流程审批流转，造成问题出现。最后，工作人员对该客户电量电费进行了退补，并向客户进行了解释道歉，客户表示理解。

（2）违规条款。《供电营业规则》（发改令〔2024〕14号）第二十五条，高低压用户均可以办理减容业务，自减容之日起，按照减容后的容量执行相应电价政策。

（3）暴露问题：

1）该户变压器暂停后容量为 200kVA，未达到实施两部制电价规定容量标准，未执行单一制电价，也未执行相应的普通工业电价标准。暂停期间电价执行错误。

2）业务人员业务能力有待提高，工作人员对电费电价政策掌握不熟。

3）业务人员没有层层把关，未能在流程归档前及时发现问题。

3. 解读针对电价电费投诉工单进行主动稽查，促进专业整改提升

（1）系统检索。从稽查监控系统查询电价执行、大电量用户等电价电费类监控模块，导出问题用户明细表。

（2）在线分析。根据问题用户明细表，会同电费专业在营销系统查询分析，筛选出风险嫌疑用户。

（3）问题初核。判断该用户是否存在用电性质的变化、抄表方面误差或计量装置误差等。

（4）现场检查。稽查人员联合业扩、电价电费、抄表、计量等问题专业人员抵达用户现场，对用户存在问题进行现场检查、核对，查明真实原因和问题。

（5）稽查结论。通过现场检查，得出用户存在问题的确切原因。

（6）问题分析。通过系统档案核对和现场检查分析，总结原因并列出。

（7）工作启示。根据具体问题及原因，列出日常工作中的要求和需注意

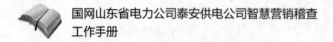

的地方，对今后工作过程环节进行一个风险提醒。

小结：通过提问的方式考察学员对客户服务专项稽查过程知识要点的掌握情况。

第四节　95598+稽查+计量专业

根据 95598 电能计量投诉工单线索，通过分析投诉工单开展稽查，确认异常问题和产生原因。全方位、多维度挖掘问题，组织开展的线上线下一体化稽查。

1. 相关政策

（1）《国家电网公司供电服务标准》（Q/GDW 10403—2021）。

1）客户校表服务。

服务内容：供电企业受理客户校表的需求，为客户提供电能计量装置检验的服务。

服务人员包括：营业员、95598 客服专员、电子客服专员、检测检验人员。

服务渠道包括：供电营业厅、95598 供电服务热线、电子渠道、客户现场。

服务流程：由受理客户的校验申请开始，经过预约上门时间、电能计量装置检验、发放检测结果、检测结果处理等流程环节，服务结束。

项目质量标准：受理客户计费电能表校验申请后，应在 5 个工作日内出

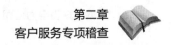

具检测结果。

2）高压客户电能表换装告知服务。

服务内容：供电企业向高压客户提供的表计换装相关信息告知服务。

服务人员包括：装表接电人员。

服务渠道包括：客户现场。

服务流程：由供电企业制定电能表换装计划开始，经过与客户预约时间、客户现场换装电能表、与客户共同确认电能表指示数等流程环节，服务结束。

项目质量标准：高压客户计量装置换装应提前预约，并在约定时间内到达现场。换装后，应请客户核对表计底数并签字确认。

3）低压客户电能表换装告知服务。

服务内容：供电企业向低压客户提供的表计换装相关信息告知服务。

服务人员包括：装表接电人员。

服务渠道包括：客户现场。

服务流程：由供电企业制定电能表换装计划开始，通知或公告客户换表时间及原因，换装电能表前对装在现场的原电能表进行底度拍照，现场换装电能表，表户复核，底度公告，服务结束。

项目质量标准：低压客户电能表批量换装前，应至少提前 3 天在小区和单元张贴告知书，或在物业公司（居委会、村委会）备案，零散换装、故障换表可提前通知客户后换表；换装电能表前应对装在现场的原电能表进行底度拍照，换表后应请客户核对表计底度并签字确认，拆回的电能表应在表库

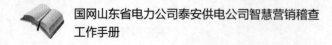

至少存放 1 个抄表或电费结算周期。

（2）《国家电网有限公司电能表质量管控办法》［国网（营销 4）380—2022］。

第十九条　强化现场安装和运行质量管控。严格落实安全作业要求，认真执行现场作业指导书，推行现场施工质量管理，有效防范安全和质量风险。

1）加强安全作业管控。严格执行国家《安全生产法》《营销现场作业安全工作规程（试行）》，建立和完善安全保证体系和监督体系。强化作业安全意识，经常性、反复性组织工作人员和施工队伍学习人身伤亡案例、作业风险点，定期组织安全考核，对考核不合格者取消现场作业资格；在班组明显位置张贴"作业前停电、验电、挂接地线"等安全警示语；全面落实现场安全责任，严格执行"两票三制""双签发、双许可"规定，强化作业前"停电、验电、挂地线"流程和计量标准化作业指导书执行。加强安全工器具配置和管理，定期检查、及时更换失效的安全工器具。加强施工人员的安全培训和施工现场的安全监督与管理，杜绝各类人身和设备事故。

2）加强技术标准执行管控。各省公司严格执行国网公司招标技术规范，在合同签订、供货履约等环节，不得改变或降低技术要求；依据《电能计量装置通用设计》《计量标准化现场作业指导书》《电能计量装置安装接线规则》和《低压计量箱技术规范》等，编制通用设计、工艺标准和质量控制文件，保证电能表表箱安装位置合适、表箱内设计布局合理、施工接线规范，电气隔离满足要求。

3）加强设备安装质量管控。各省公司严格审查施工单位的资质，建立施工单位质量评价体系；编制包括换表流程、工艺标准、质量要求、服务要求等内容的标准化培训教材或 DV 片，对施工人员实施标准化培训，培训合格方可进行施工；严格实施标准化作业，建立保证电能计量装置正确配置、接线、施封的核查机制。

4）加强现场施工管控。重点加强四个方面的工作质量，即：加强现场服务质量管理，确保"表计换装公告、用户旧表底度拍照留存、确认签字"到户；加强"杜绝装表串户、跨台区、错误接线"的质量管理，建立安装完毕后现场核对户表对应关系、线变对应关系、二次回路接线的工作程序；加强"档案核查"质量管理，营业与计量人员要协同开展台区、终端、户表等档案清理核对工作；加强外包施工队伍管理，实施安全、质量、服务的同质化管理和评价。

5）强化现场技术监督管理。建立完善电能表装接现场技术监督机制，整合管控资源，加大现场管理力度。对所有施工现场要有主业人员参与现场监督检查，重点检查安全、户表关系准确性等方面，检查结果应及时通报；加强新建小区开发商移交电能表质量监督，地市（县）供电企业营销部（客户服务中心）应严格验收移交电能表满足公司企业标准和管理要求；工程竣工后要严格依据标准进行验收，一旦发现串户行为应责成施工单位进行全面整改，未通过验收不允许投运。

6）加强现场施工队伍管理。补充完善施工合同有关施工质量保证条款，对工器具配置、安全管理、接线质量检查等提出要求；加大错接线、计量串

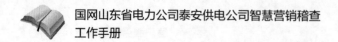
户等计量服务质量事件处罚力度；建立并实行施工单位黑名单制度，纳入招投标工作中；实行施工质量责任倒查追究机制，所有施工单位对施工质量负责、验收人员对验收结果负责，凡发生错接线、计量串户等服务问题，从严追究。

7）加强运行电能表质量监督检查的管控。各省公司应结合现场抄表、用电检查、状态评价、运行质量抽检等工作巡视检查电能表运行状态，充分利用用电信息采集系统的监控手段，及时发现处理异常问题；按公司技术标准要求，在电能表运行至检定有效期到期前开展首次定期抽样质量检测，并根据本省电能表状态评价地方法规规定，定期开展运行质量抽检工作。对巡检、抽检中发现的故障电能表，必须在 24 小时内更换，立即排查故障原因，故障原因未查清前，暂停安装同厂家、同型号、同批次电能表；对状态评价中发现的电能表异常工单，必须在 10 个工作日内确认，若确认为电能表故障，必须在 3 个工作日内更换。

8）加强电能表拆回分拣质量管控。各省公司应建立拆回智能电能表分拣能力，按照"及时分拣、充分利旧、规范处置"的管理原则，明确电能表拆回分拣处置流程。加强拆回留库、清洁分选、分拣处置各流程的质量控制，明确拆回的智能电能表待校验、待修理、待报废的条件，并定期开展分拣数据分析。

第二十条 强化服务质量管理，弘扬"你用电、我用心"服务理念，做好电能表换装前配套服务、客户咨询服务，为客户提供优质服务。

1）落实电能表换装前的配套服务措施。各省公司在电能表换装前，应在小区和单元张贴告知书，在物业公司或村委会备案；严格按照电能表装拆程序实施作业，换装工单新、旧电能表起止度应请客户或物业公司、居委会（村委会）工作人员签字确认；换装电能表前应对装在现场的原电能表进行底度拍照，拆回的电能表应在表库至少存放 1 个抄表或电费结算周期，便于客户备查或客户提出异议时进行复核。

2）加强客户对电能计量咨询和反映的管控。各省公司应加强 95598 客服人员、故障报修人员对电能表功能、使用、购电的知识和技能培训，及时准确解答并协调处理客户的问题；建立客户对电能表反映的快速处理机制，接到 95598、网上国网（微信公众号）或其他渠道的咨询或反映时，应立即联系客户进行现场核查。当客户提出电能表数据异常后，5 个工作日内核实并答复客户。避免因解答不准确或核查处理不及时造成客户重复投诉和事件升级。

3）在新装和换装电能表后第一次发行电费时，提供短信提醒服务。通过发送短信告知客户请核对自家的电能表号、表后开关、户名、进户线是否正常，并告知常用的核对方法，如有不正确或疑似串户及时联系物业、小区开发商或供电公司，以便及时上门处理。

第二十一条　加强申校检定管理，省计量中心、地市（县）供电企业受理客户计费电能表校验申请后，应严格执行电能表申校工作流程，按照《国家电网公司供电服务"十项承诺"》（国家电网办〔2020〕16 号）要求，在 5 个工作日内出具检测结果。

1）申校检定指用户对电能计量器具的准确性、可靠性及功能等有异议

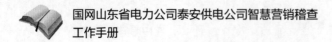

并且未进入仲裁检定环节时，申请进行由公司相关部门提供的现场检验或实验室检定服务。

2）申校检定按照业务受理方式包括 95598 电话受理、网站受理、网上国网（微信公众号）以及营业厅受理等。申校检定单位应设置专人、专库，用于申校检定业务的受理。

3）地市（县）供电企业客户服务中心接到客户申校计费电能表申请后，在 1 小时内将工单派发至检测班（计量班）。

4）地市（县）供电企业客户服务中心检测班（计量班）收到用户申校工单后，应在 2 个工作日内完成现场检测任务。现场检测工作完成后，检测人员应认真做好《电能表现场检测记录》，并根据检测结果填写《电能表现场检测结果通知单》（一式两份），请用户签字确认，一份提交用户，一份归档留证。用户对现场检测结果有异议的，用户可选择送地市（县）供电企业实验室检定，或由专人陪同送本地区技术监督局指定的法定计量检定机构检定。

5）现场检测不合格及不具备现场检测条件的电能表，由地市（县）供电企业客户服务中心检测班（计量班）及时书面告知客户，同时将电能表底度拍照留存，获得用户签字认可后将电能表拆回，安排进行实验室检定，并应在 2 个工作日内完成实验室检定工作。实验室检定工作完成后，检定结果合格应按照规定格式向用户出具《检定证书》；检定结果不合格则出具《检定结果通知书》。

6）电能表检定结果不合格且用户对实验室检定结果认可时，地市（县）

供电企业客户服务中心检测班（计量班）应根据检定结果，测算使用不合格电能表的用户的退补电量，将测算结果提交地市（县）供电企业客户服务中心营业电费部，由其按照电费退补流程退补用户电费。

7）用户对实验室检定结果仍有异议的，地市（县）供电企业客户服务中心计量部（检测班）应同用户签订《电能计量装置检定送检协议书》，委派专人与用户一同将电能表送本地区技术监督局指定的法定计量检定机构检定。检定结论与供电公司一致时，由用户承担相应检定费用；若不一致时，由供电企业承担相应检定费，并根据检定结果，测算使用不合格电能表的用户的退补电量，将测算结果提交地市（县）供电企业客户服务中心营业电费部，由其按照电费退补流程退补用户电费。

8）加强网上国网（微信公众号）建设，打通线上线下工单传递和信息共享壁垒，实现客户申校、办理进度和检定结果查询的全方位、全过程展示，提高客户优质服务水平。

第二十二条 加强营销业务协同，严格把控业扩报装、抄表收费和购电网点建设等重点环节工作质量，促进电能表安装及应用水平整体提升。

1）加强业扩报装环节电能表配置的管控。各省公司在新报装或换装电能表业扩报装业务中，应严格按照电能计量装置、电能表的技术规范和工艺标准进行设计、选型、审查、安装、验收，确保电能计量装置配置合理、参数正确、运行可靠，避免投运后重复改造或参数设置错误引发客户质疑。

2）加强购电网点建设与管理。各省公司应根据电能表应用进度和应用范

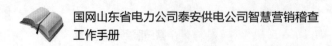

围，同步建设适合电能表购电的网点，并采用一定方式公告网点位置，网点处应标示购电操作方法和流程；加强网点购电设备的维护，确保购电设备始终处于完好状态；方便客户购电，确保客户正常用电。

3）加强自动抄表质量管控。各省公司应充分应用营销稽查监控系统等管理手段，加强抄表和电能表质量监督管理，杜绝估抄、漏抄、错抄现象发生；计量装置更换后的 3 个抄表周期内应实施重点监控；远程抄表方式首次使用应进行现场核对，以后应至少每年进行一次现场核对；充分利用营销业务应用系统、采集系统主站以及掌机现场抄表等手段，加强电能表运行状况及电量异常监测，防止用电信息丢失或被篡改，对突增、突减电量要落实现场复查和稽查措施；加强抄表数据校核工作，杜绝一切异常电费的发行，避免因抄表质量问题引发客户对电能表计量准确性的质疑。

2．案例分析：轮换、户表改造工单

（1）事件过程。某供电公司发现台区线损异常后，在未告知客户的情况下其更换了电能表，导致客户投诉，反映近 2 个月电量异常。客户王女士在交费时发现用电量连续 2 个月明显增加，于是到当地供电营业厅咨询，反映家中电器使用情况正常，但是用电量增加许多，让供电公司进行解释。工作人员李某来到营业厅告诉客户，2 个月前供电公司开展降线损排查时，发现该户表计异常，当时王女士不在家，所以换表人员在未通知客户的情况下为客户更换了电能表。当得知原因后，王女士对换表未告知的行为非常不满，进行了投诉。

（2）违规条款。

1）《国家电网公司供电服务标准》（Q/GDW 10403—2021），低压客户电能表批量换装前，应至少提前 3 天在小区和单元张贴告知书，或在物业公司（居委会、村委会）备案，零散换装、故障换表可提前通知客户后换表；换装电能表前应对装在现场的原电能表进行底度拍照，换表后应请客户核对表计底度并签字确认，拆回的电能表应在表库至少存放 1 个抄表或电费结算周期。

2）《国网营销部关于进一步强化电能表装接串户和客户申校服务措施的通知》第二条，加强营销业务应用系统档案核查，防止档案串户。营业、计量专业要做好协同配合，确保档案、装表工单、电能表设备号与现场情况"一一对应"。

（3）暴露问题。该案例暴露出该供电公司工作人员服务意识淡薄，责任心不强，规章制度执行不到位，在发现表计问题后，未按照规定通知客户换表并就表底签字确认。

3．解读针对电能计量投诉工单进行主动稽查，促进专业整改提升工作的核心要点，职责分工、过程管控等要求

（1）系统检索。从稽查监控系统查询倍率差错、互感器配置不合理等计量管理类监控模块，导出问题用户明细表。

（2）在线分析。根据问题用户明细表，会同计量专业在采集系统查询分析，筛选出风险嫌疑用户。

（3）问题初核。判断该用户是否存在计量管理不规范问题。

（4）现场检查。稽查人员联合业扩、电价电费、抄表、计量等问题专业人员抵达用户现场，对用户存在问题进行现场检查、核对，查明真实原因和问题。

（5）稽查结论。通过现场检查，得出用户存在问题的确切原因。

（6）问题分析。通过系统档案核对和现场检查分析，总结原因并列出。

（7）工作启示。根据具体问题及原因，列出日常工作中的要求和需注意的地方，对今后工作过程环节进行一个风险提醒。

小结：进行总结和提炼，对评审验证有效的营销业务管控点，通过新增主题的方式进行固化，纳入在线稽查管理。

第五节　95598+稽查专业

根据 95598 稽查投诉工单线索，通过分析投诉工单开展稽查，确认异常问题和产生原因。全方位、多维度挖掘问题，组织开展的线上线下一体化稽查。

1. 相关政策

（1）《国家电网有限公司反窃电管理办法》[国网（营销/3）987—2019]。

窃电行为包括：在供电企业的供电设施上，擅自接线用电；绕越供电企业用电计量装置用电；伪造或者开启供电企业加封的用电计量装置封印用电；故意损坏供电企业用电计量装置；故意使供电企业用电计量装置不准或者失效；采用其他方法窃电。

（2）反窃电工作应落实"查处分离"要求，反窃电检查人员负责现场检查与取证，反窃电处理人员负责窃电处理。

（3）反窃电查处的主要流程包括发现窃电线索、分析窃电线索、确定检查对象、归集被检查对象信息、制订检查方案、现场检查取证、提出处理方案、履行审批手续、追补电费。

2. 案例分析：反窃电检查过程不合规工单

（1）事件过程。某供电公司接到群众反映某地区有客户窃电后，1 名工作人员到现场进行核查，工作人员未随身携带相机、录音笔等设备。到达现场后，工作人员发现该客户电能表确有窃电行为。反窃电工作人员立即要求客户在《违约用电窃电通知书》上签字，等待处理。但是客户拒不配合。随后，该工作人员返回公司，带齐证件、设备与其他同事再次来到现场。客户仍不承认自己的窃电行为，反而称电能表铅封是刚才供电公司工作人员所为，同时反问工作人员为什么把自己的电能表接错，要求赔偿损失。

（2）违规条款。

1）《电力供应与使用条例》第三十六条，电力管理部门应当加强对供电、用电的监督和管理。供电、用电监察检查工作人员必须具备相应的条件。供电、用电检查人员执行公务时，应当出示证件。

2）《国家电网公司供电服务标准》（Q/GDW 10403—2021）第四条第五款，熟知本岗位到业务知识和相关技能，岗位操作规范、熟练，具有合格的专业技术水平。

（3）暴露问题。

1）反窃电工作人员工作流程不规范。用电检查过程应做好证据收集工作。遇到客户不配合的情况，应立即向供电公司汇报，要求供电公司派人到现场处理，而不是返回供电公司。

2）警企联合不到位。在遇到客户不配合时，应立即报警处理。

3．解读针对反窃电投诉工单进行主动稽查，促进专业整改提升工作的核心要点，职责分工、过程管控等要求

（1）"查处分离"落实情况。检查反窃电工作"查处分离"落实情况，反窃电检查人员负责现场检查与取证，反窃电处理人员负责窃电处理。

（2）资料检查。检查反窃电过程资料，包括窃电（违约用电）处理通知单、窃电违约处理审批单、用电检查工作单，检查证据链是否完整、实证是否清晰准确，以及追补电费和违约使用电费是否时、足额。

（3）在线稽查。根据稽查主题规则在系统中进行筛查，导出违约用电（窃电）处理流程不规范明细，派发线上稽查工单，督促反窃电专业对反窃电管理不规范问题的核查整改。

稽查规则：营销业务应用系统中，违约用电（窃电）处理流程终止后，一个月内未重新发起，触发"违约用电（窃电）处理流程异常终止"稽查预警；违约用电（窃电）处理流程在途时间超过三个月，则触发"违约用电（窃电）处理流程在途时间过长"稽查预警。

（4）工作启示。根据具体问题及原因，列出日常工作中的要求和需注意的地方，对今后工作过程环节进行一个风险提醒。

第六节　95598+稽查+用电检查专业

根据 95598 用电检查投诉工单线索，通过分析投诉工单开展稽查，确认异常问题和产生原因。全方位、多维度挖掘问题，组织开展的线上线下一体化稽查。

1. 相关政策

低压电流互感器巡视检查周期：一般情况下，有人值班变配电所，每班巡视检查一次；无人值班变配电站，每周至少巡视检查一次。客户应结合实际情况和管理要求按期进行巡视检查，确保低压电流互感器的运行状况符合安全运行要求。

注意事项：

（1）巡视时，必须严格遵守《国家电网公司电力安全工作规程（试行）》（国家电网安质〔2014〕265 号）的有关规定，做到不漏巡、错巡。

（2）对新投入运行以及检修后运行的互感器，应加强重点巡视检查。

（3）过负荷时、恶劣天气下及设备发生事故后，应增加巡检次数。

（4）雷雨、恶劣天气巡视时，巡检时应做好必要的安全措施。

（5）电流互感器在过负荷时或发生故障后，应检查其绝缘有无破损、裂纹、放电痕迹和接头熔化现象。

（6）电流互感器的负荷电流，对独立式电流互感器应不超过其额定值，如长时间过负荷，可能使测量误差加大和绕组过热或损坏，应注意巡视检查。

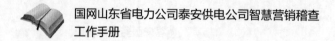
（7）严禁电流互感器的二次绕组在运行中开路。

（8）巡视检查人员应按规定认真巡视检查设备，对设备异常状态和缺陷做到及时发现，认真分析，正确处理，做好记录并按信息汇报程序进行汇报。

2. 案例分析：客户投诉反映电能表偶尔跳闸

（1）事件过程。具体情况为供电公司用电检查班姜某在一次定期巡视重要客户运行状态过程中发现电能表存在偶尔跳闸状况，由于当时恰逢雨雪天气，未做深入分析，只初步判断为天气原因造成，且电能表合闸后可以正常运行，客户也未做处理。但是在这种情况下运行半个月之后，跳闸情况再次出现，客户拨打 95598。针对该重要客户用电情况，主动对接客户用电安全需求，用电检查专业迅速组织现场经验丰富的配电班技术人员与客户专业设备管理人员共同开会研究发生原因，并制定一系列相关服务和应急方案。在向政府部门备案该处安全隐患后，工作人员带着该客户的定制方案，开展对所有用电设备的巡查行动。当巡查到某处电缆时，发现有破损情况，工作人员指导客户对电缆进行修复，但依然无法成功合闸。在查到某处进口设备的接触器时，发现该处的两相接线因环境原因出现了轻微的烧损，并出现接地状况。工作人员指导客户及时地对受损开关和接线进行了更换和维修，各项工作整理完毕以后，顺利合闸。

（2）违规条款。

1）《国家电网公司关于高危及重要客户用电安全管理工作的指导意见》（国家电网营销〔2016〕163 号）：各单位应合理调配用电检查人力资源，周密制订月度检查计划，明确检查任务，落实人员责任，确保检查计划落实到位。

2）《国家电网公司生产技能人员职业能力培训专用教材用电检查》第二十二章，模块 1，过负荷时，恶劣天气下及设备发生事故后，应增加巡视次数。

3）暴露问题：用电检查员巡视检查工作开展不力，对客户异常情况缺乏敏锐的洞察力，客户侧管理不到位。

3. 解读针对用电检查投诉工单进行主动稽查，促进专业整改提升工作的核心要点，职责分工、过程管控等要求

（1）资料检查。检查用电检查工作单、用电检查结果通知书、用电客户设备缺陷记录、周期性安全用电检查记录、客户电气设备缺陷记录等材料，以及是否按照检查周期开展用电检查。

（2）线上稽查。

1）根据稽查主题规则，筛查出重要用户未按要求开展周期安全服务明细，派发线上稽查工单，督促用电检查专业进行核查整改。稽查规则：营销业务应用系统用户标签为重要用户，当期日期与上一次周期安全服务完成时间的差值超过三个月时触发"重要用户未按要求开展周期安全服务"稽查预警。

2）根据稽查主题规则，筛查出用电安全服务流程时间过短明细，派发线上稽查工单，督促用电检查专业进行核查整改。稽查规则：在营销业务应用系统中，对周期性用电安全服务、专项用电安全服务流程的"打印安全服

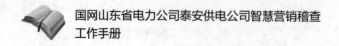
务工作单"完成时间和"安全服务结果处理"完成时间进行监测，若两者时间小于 30 分钟，则触发预警。

（3）工作启示。根据具体问题及原因，列出日常工作中的要求和需注意的地方，对今后工作过程环节进行一个风险提醒。

第七节　案　例　实　践　分　析

通过业扩报装"三指定"的案例，要求学员根据案例发生情况，分析问题原因、整改措施等内容，考察学员对客户服务专项稽查的理解和应用情况。

1. 案例分析：客户投诉反映电能表偶尔跳闸

（1）事件过程。7 月 2 日，客户刘先生到某供电所营业厅办理高压新装业务，7 月 3 日，客户经理孙某在勘察现场完毕后告知客户："建议你们单位新装用电的内部受电工程施工还是由××电力安装工程公司来做，他们施工质量有保证，确保一次性通过验收。"刘先生最终同意将内部受电工程交给该电力安装公司，并对孙某言语进行了录音。后期刘先生得知，该电力安装公司与客户经理孙某存在利益关系。张先生认为自身权益受损，进行了投诉。

（2）违规条款。

1）《国家电网公司员工服务"十个不准"》（国家电网办〔2020〕16 号）第三条，不准为客户指定设计、施工、供货单位。

2）《国家电网公司员工服务"十个不准"》（国家电网办〔2020〕16 号）第十条，不准利用岗位与工作之便谋取不正当利益。

（3）暴露问题。

1）客户经理遵章守纪意识淡薄，漠视国网公司关于业扩报装"三不指定"的要求，利用工作之便谋取不正当利益。

2）供电公司在业扩报装工作中存在管理死角。

2. 解读针对"三指定"投诉工单进行主动稽查，促进专业整改提升

（1）通过四不两直现场检查和视频监控的方式，对全市营业厅业扩工程设计、施工单位信息和业务办理流程，竣工验收标准等公示内容进行专项稽查，督促将 26 项业务告知书在营业厅、政务厅摆放，创新客户扫码获取电子资料途径，保障客户的知情权和自主选择权。

（2）开展"电话回访"和"入户回访"。通过电话，全量回访高低压新装增容客户，问询是否存在指定施工、设计、材料供应单位，反复验收，增设门槛等问题。对每季度的每个营业区域市场占有率最高的 3 家施工单位对应的客户进行入户走访，来排查两公开是否告知到位，排查是否存在客户经理与施工单位联手牟取私利的问题。

（3）工作启示。根据具体问题及原因，列出日常工作中的要求和需注意的地方，对今后工作过程环节进行一个风险提醒。

本章节介绍了"95598+稽查+专业"协同工作方法及整改措施。达到对业扩报装、电费电价、计量、反窃电、用电检查等专业质效管理提升的目的。

以案例形式介绍了在客户服务稽查中如何开展自主稽查。如何通过从外部客户诉求发现问题线索，去主动稽查工作中存在的问题，同时达到促进专业整改提升的目的。采取"线上+线下"模式，利用系统功能分析研判，精准分析客服服务过程中的异常问题，派发线上预警工单，提高客户服务的规范化和高效性。同时，对存在的异常线索进行重点分析，进行现场检查，督促问题的核实整改，确保解决客户遇到的问题和困难，更好地了解和满足客户的需求，为他们提供优质的电力服务。

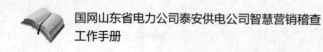

思考与练习

问题 1：110kVA 及以上工商业单一制电价用户，执行什么电价？

答案：执行《山东电网输配电价表》中"35 千伏电压等级单一制电价"。

问题 2：怎么对"三指定"问题开展回访？

答案：通过电话，全量回访高低压新装增容客户，问询是否存在指定施工、设计、材料供应单位，反复验收，增设门槛等问题。对每季度的每个营业区域市场占有率最高的 3 家施工单位对应的客户进行入户走访，来排查两公开是否告知到位，排查是否存在客户经理与施工单位联手牟取私利的问题。

问题 3：【案例分析】3 月 23 日，稽查监控中心通过某供电营业厅视频抽巡发现，客户疑似提交办电资料，系统查询，当天该所无新装及变更用电工单。经电话问询，客户咨询非居民新装，携带资料不全，综合柜员未录入系统。之后，稽查监控中心督促供电所按照"容缺受理"原则，当天发起业务工单。

针对该案例思考，如何对体外循环问题进行稽查？

答案：首先要外优化客户体验，明确网上国网或营业厅柜台受理途径，由低压专责统筹业务办理，这样能够避免业务在一个岗位人员身上自转。在专责收到客户办电需求后，按照容缺受理的原则，在第一时间通过网上国网或营销系统发起业务工单，这样就能在业务源头上进行把控，实现受办分离，接单即录入。

对内部管理质效开展提升。一是通过阳光业扩监督云平台进行监控，阳光业扩监督云平台以视频的形式记录了业扩工单现场勘查、中间检查、竣工验收的现场情况，为我们提供了有效的在线稽查手段。稽查中心对三个关键环节每周抽查不低于50%的业扩现场，比如我们在平台竣工验收的工作场景进行核查，设备应该为不带电的状态，当云平台视频中带电显示装置的状态显示为带电，与营销系统环节的工作内容不一致，就是疑似体外循环，我们首先通过用采集系统查询该用户是否有电压曲线，无电压曲线的通过电话回访的方式向客户确认现场情况，这样，经过核实，实际情况为客户临时施工电源，并非体外循环。

同时，监控中心联合业扩专业对全量工单进行核查，通过多专业间的横向对比，进行无死角的排查。查看2.0工单节点、纸质工作单、配电第一种或带电作业工作票、PMS异动资料、OMS检修申请等资料，实现多专业间的横向对比，无死角排查。

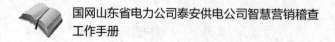

另外，通过加强对业务时长的监控，及时进行预警督办。每日稽查人员对全量业扩在途工单进行监控，筛查次日预警、到期工单，对预警、到期工单进行风险告知，并跟踪督促现场的服务进度，以确保服务不超时。

问题4：【案例分析】2023年8月11日，某发电客户拨打12345反映其安装的分布式光伏无发电量。经核查采集系统查询，该用户电表连续3月发电量为0。问题原因：客户逆变器开关损坏，该用户在4月25日逆变器就已停止工作，导致无法发电。供电所积极与光伏公司进行联系，协助客户与光伏安装公司进行协商并对其逆变器修复，光伏正常发电，客户表示满意。

针对此案例进行思考，如何对分布式光伏电量异常进行稽查？

答案：根据稽查主题规则，在系统中筛查出分布式光伏电量异常用户，针对异常电量派发专项稽查工单，督促光伏专业加强对光伏发电量异常情况的核查管理。

稽查规则内容是：分布式光伏电量异常，每月筛查营销业务上一统计周期结算电量异常的分布式光伏用户，对以下情况进行稽查监控。

（1）消纳方式为全部自用，月度上网电量却不为0。

（2）消纳方式为全部（额）上网，月度有发电量，但上网电量为0。

（3）月度上网电量>发电量，剔除发电量为0用户。

（4）连续3个月发电量为0（发电量取抄表数据）；取数时间范围：上一自然月，即上月1日0点（含0点）至本月1日0点（不含0点）。

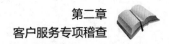

问题 5：对换表服务未告知的情况如何进行排查？

答案：由稽查专业联合计量专业进行工单核查，通过 2.0 计量表更换工单节点、纸质工作单等进行排查。并通过电话回访的方式向客户确认现场情况。

第三章　计量装置配置及违约窃电风险点

　　计量装置是供电系统中的重要组成部分，用于准确测量用户的电能消耗。然而，一些不法分子却利用各种手段进行窃电和违约行为，绕过计量装置或干扰其正常运行，以获取非法利益。这些行为对电力系统的正常运行、公平交易和供电企业的经济利益造成了严重的损害。

　　涉及计量装置的窃电行为包括以下几种形式：

　　（1）在供电企业的供电设施上，擅自接线用电。

　　（2）绕越供电企业电能计量装置用电。

　　（3）伪造或者开启供电企业加封的电能计量装置封印用电。

　　（4）故意损坏供电企业电能计量装置。

　　（5）故意使供电企业电能计量装置计量不准或失效。

　　这些窃电行为严重违反了供电企业的供电规定和法律法规，损害了公平竞争的市场环境和合法用户的权益。

　　为了制止和处理窃电和违约行为，供电企业在营业规则中设立了相应的条款。根据规定，供电企业有权对查获的窃电者进行制止，并可当场中止供电。窃电者需补交窃电量对应的电费，并承担不高于补交电费三倍的违约使用电费。拒绝承担窃电责任的，供电企业会报请电力管理部门依法处理，甚至追究刑事责任。

供电企业通过加强计量装置的监测和维护，采用先进的技术手段，如智能计量装置和数据采集系统，提高窃电行为的监测和防范能力。同时，对于发现的窃电和违约行为，供电企业会采取相应的处置措施，确保电力系统的正常运行，维护公平竞争的市场秩序，并保障合法用户的权益。

通过加强对计量装置相关窃电和违约行为的监管和打击，我们能够维护电力系统的稳定运行，促进电力市场的公平竞争，保障供电企业和合法用户的权益，实现可持续发展的电力供应。

本部分课程主要包含两个方面，计量装置配置的原则和具体案例分析。

电能计量装置基本配置的一般原则应遵循如下：

（1）经互感器接入的贸易结算用电能计量装置按计量点配置计量专用电压、电流互感器或专用二次绕组，不准接入与电能计量无关的设备。

（2）Ⅰ、Ⅱ类电能计量装置宜依据互感器及二次回路组合误差优化配置电能表，其他经互感器接入的电能计量装置宜进行互感器和电能表的合理配置。

（3）电能计量专用电压、电流互感器或专用二次绕组至电能表的二次回路上有计量专用二次接线盒及试验接线盒，电能表与试验接线盒按一对一原则配置。

（4）10kV 及以上电压等级电能计量装置根据一次系统接线形式及互感器安装位置进行合理配置，为区分不同情况下电能计量装置的基本配置，将一次系统接线及互感器安装位置分为四类。

（5）除用户计量点及计量无功补偿设备消耗的电能计量装置外，以下电能计量装置应配置型号（或规格）、准确度等级相同的主副两只多功能电能表或智能电能表：

1）Ⅰ类电能计量装置；

2）计量单机容量在 100MW 及以上发电机组上网贸易结算电量的Ⅱ类电能计量装置；

3）计量电网企业之间购销电量的 110kV 及以上Ⅱ类电能计量装置。

380V 电能计量装置的安装方式应满足以下要求：

（1）采用计量柜、配电柜、计量箱时，柜、箱中安装进线开关、电流互感器、电能表及采集终端；箱式变电站结构时，电流互感器、电能表和采集终端分别安装在互感器室、电能表室。

（2）专变电力用户经电流互感器接入的电能计量装置，宜安装回路状态巡检仪。

（3）单表位直接接入式计量箱和经互感器接入式计量箱、柜的出线开关配置自动控制断路器和相应控制线路。

220V 电能计量装置的安装方式应满足以下要求：

（1）220V 电能计量装置采用箱式结构（箱式结构分单体独立式、单体组合箱组式和整体形式三种）时，满足电能计量和相应电气保护要求，并结合实际情况考虑电、水、气、热一体化信息采集设备的安装要求。

（2）进线宜安装隔离开关，电能表后应安装单相两极断路器。

电动汽车充电装置中计量装置电动汽车充电装置中的安装方式应满足

以下要求：

（1）采用交流充电桩对电动汽车充电时，交流电能表安装在充电桩交流进线端。

（2）采用非车载充电机对电动汽车充电，使用交流计量时，电能表安装在非车载充电机交流进线端；使用直流计量时，电能表安装在非车载充电机直流输出端和电动汽车接口之间。

智能变电站数字计量装置的安装方式除应满足以下要求外，还应满足GB/T 51071 和 GB/T 51072 中相应要求：

（1）计量装置若采用户内开关柜布置，宜采用常规电磁式互感器或模拟小信号输出电子式互感器，并用带模拟量插件的合并单元进行数字转换；若采用户外敞开式布置，宜采用数字量输出的电子式互感器。

（2）采用常规电磁式互感器或模拟小信号输出的电子式互感器时，配置带模拟量输入接口的合并单元和数字化电能表；采用数字量输出的电子式互感器时，配置带数字量输入接口的合并单元和数字化电能表；电子式互感器、合并单元具有计量专用端口，宜配置计量用合并单元。

电力是现代社会运转的重要支撑，而计量装置则是确保这一体系公正、有效运转的关键。正因为有了准确的计量，才能确保每一个用电者都得到了应得的权益，而不会因为窃电等违约行为受到损害。下一步，需要将所学的理论知识和案例经验应用到实际工作中。无论是计量装置的配置，还是对抗窃电的措施，都需要结合实际情况，进行具体的分析和判断。同时，随着科技的发展，新的计量技术和窃电手段也在不断出现，需要持续学习，不断更新知识体系，确保始终站在行业的前沿。

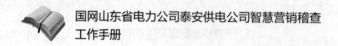

问题1：计量装置配置原则有哪些?

答案：

（1）贸易结算用电能计量点设置在购售电设施产权分界处，出现穿越功率引起计量不确定或产权分界处不适宜安装等情况的，由购售电双方或多方协商。

（2）当用电客户采用2个及以上电源供电时，每个电源受电点分别设置电能计量装置。

（3）分电能计量点按不同电价类别分别设置，电能计量装置安装在执行不同电价受电装置出线处，采用总表加分表的计量方式。

问题2：与计量装置相关的窃电类型有哪些?

答案：

涉及计量装置的窃电行为包括以下几种形式：

（1）在供电企业的供电设施上，擅自接线用电。

（2）绕越供电企业电能计量装置用电。

（3）伪造或者开启供电企业加封的电能计量装置封印用电。

（4）故意损坏供电企业电能计量装置。

（5）故意使供电企业电能计量装置计量不准或失效。

问题 3：根据《供电营业规则》(发改令〔2024〕14 号)，窃电量应如何确定?

答案：

（1）在供电企业的供电设施上，擅自接线用电的，所窃电量按私接设备额定容量（千伏安视同千瓦）乘以实际使用时间计算确定。

（2）以其他行为窃电的,所窃电量按计费电能表标定电流值（对装有限流器的，按限流器整定电流值）所指的容量（千伏安视同千瓦）乘以实际窃用的时间计算确定。窃电时间无法查明时，窃电日数至少以一百八十天计算，每日窃电时间：电力用户按 12 小时计算；照明用户按 6 小时计算。

问题 4：根据《供电营业规则》(发改令〔2024〕14 号)，窃电应如何处置?

答案：供电企业对查获的窃电者，应予制止，并可当场中止供电。窃电者应按所窃电量补交电费，并承担补交电费三倍的违约使用电费。拒绝承担窃电责任的，供电企业应报请电力管理部门依法处理。窃电数额较大或情节严重的，供电企业应提请司法机关依法追究刑事责任。

问题 5：现场检查接线方面有哪些内容?

答案：

（1）检查接线有无开路或接触不良。

（2）检查接线有无短路。

（3）检查接线有无改接和错接。

（4）检查有无越表接线和私拉乱接。

（5）检查 TA、TV 接线是否符合要求。

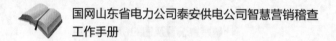

问题 6：某客户装一块三相四线表，3×380/220V，1.5（6）A，装三台变比为 200/5 电流互感器，有一台过负载烧毁，用户自行更换一台，供电部门因故未到现场。半年后发现，后换这台电流互感器变比是 300/5 的，在此期间有功电能表共计抄过电量 W=5 万 kWh，求追补电量 ΔW 是多少 kWh？

解：方法一：按题意求更正率 G 为

$$G = \frac{\text{正确电量} - \text{错误电量}}{\text{错误电量}} \times 100\%$$

正确电量=$\frac{1}{3}+\frac{1}{3}+\frac{1}{3}=1$

错误电量=$\frac{1}{3}+\frac{1}{3}+\frac{1}{3} \times \frac{200/5}{300/5} = \frac{3}{9}+\frac{3}{9}+\frac{2}{9} = \frac{8}{9}$

则更正率 G 为

$$G = \frac{1-\dfrac{8}{9}}{\dfrac{8}{9}} \times 100\% = \frac{1}{8} \times 100\% = 12.5\%$$

追补电量 ΔW 为

$$\Delta W = GW = 12.5\% \times 50000 = 6250（\text{kWh}）$$

故应追补电量为 6250kWh。

方法二：按题意求更正系数 K 为

$K = $ 正确电量/错误电量

正确电量=$\frac{1}{3}+\frac{1}{3}+\frac{1}{3}=1$

$$错误电量 = \frac{1}{3} + \frac{1}{3} + \frac{1}{3} \times \frac{200/5}{300/5} = \frac{8}{9}$$

$$更正系数 K = \frac{1}{\frac{8}{9}} = 1.125$$

则应追补电量为

$$\Delta W = 50000 \times (K-1) = 50000 \times (1.125-1) = 6250（kWh）$$

故应对该客户追补 6250kWh 的电量。

问题 7：某客户单相用电，采用单相直接接入式电能表计量，一次检查中发现该客户进表零线断开，出表零线在一隐蔽处串入一电阻，然后接到临户中性线上。试分析其窃电原理，并推出其电量更正系数？

解：设电能表安装处的电压为 U，流过电能表电流线圈的电流为 I，中性线串入电阻后电能表电压线圈承受的电压为 U_1。

电能表实测功率为：$P_1 = U_1 I \cos\phi$（忽略串联电阻对功率因数角的影响）

更正系数为：$K = P/P_1 = UI\cos\phi /（U_1 I\cos\phi）= U/U_1$

因 $U > U_1$ 所以 $K > 0$ 电能表变慢，该客户实际用电量为电能表计量电量乘以 U/U_1。

问题 8：带电检查计量装置接线有哪些内容？

答：

（1）测量各二次线（相）电压。

（2）检查接地点判明 V 相电压。

（3）测定三相电压的相序。

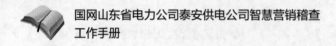
（4）测定各相负荷电流。

（5）检查电能表接线的正确性。

（6）测定电能表的误差。

第四章　分布式光伏并网服务稽查要点

近年来，在国家政策扶持下，光伏业务迅猛发展。统计数据显示，高新供电中心 2022 年全年累计受理分布式发电并网申请 512 项，发电容量 37830.8 千瓦，用户数同比增长 124.66%，容量同比增长 52.77%；为保证光伏业务规范、有序开展，正确执行光伏电价政策，确保国家和用户的利益不受损失，加强稽查监控对光伏用户的运行监管迫在眉睫，其监控分析的各种手段在其中扮演的重要地位也日益凸显。

开展分布式光伏并网服务稽查，对于规范光伏发电并网管理、减少发电客户发电损失、提升光伏发电设备利用效率都有重要作用。

第一节　政　策　依　据

1.《国家电网公司关于印发分布式电源并网服务管理规则的通知》(国家电网营销〔2014〕174 号)

第十二条　地市/区县公司营销部（客户服务中心）负责受理分布式电源业主（或电力用户）并网申请。各级供电公司应提供营业厅等多种并网申请渠道，并做好 95598 热线电话和 95598 智能互动服务网站受理业务的支撑。

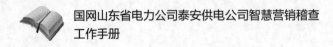

第十三条 地市/区县公司营销部（客户服务中心）受理客户并网申请时，应主动提供并网咨询服务，履行"一次告知"义务，接收、查验并网申请资料，协助客户填写并网申请表，并于受理当日录入营销业务应用系统。

地市公司营销部（客户服务中心）负责将相关申请资料存档，并送地市公司发展部。地市公司发展部通知地市公司经研所（直辖市公司为经研院，下同）制订接入系统方案。工作时限：2 个工作日。

第十四条 地市/区县公司营销部（客户服务中心）负责组织地市公司发展部、运检部（检修公司）、调控中心、经研所等部门（单位）开展现场勘查，并填写现场勘查工作单。工作时限：2 个工作日。

第十五条 地市公司经研所负责按照国家、行业、企业相关技术标准及规定，参考《分布式电源接入系统典型设计》制定接入系统方案。工作时限：第一类 30 个工作日（其中分布式光伏发电单点并网项目 10 个工作日，多点并网项目 20 个工作日）；第二类 50 个工作日。

第十七条 地市公司营销部（客户服务中心）负责组织相关部门审定 380/220 伏分布式电源接入系统方案，并出具评审意见。工作时限：5 个工作日。

第十八条 地市公司发展部负责组织相关部门审定 35 千伏、10 千伏接入项目（对于多点并网项目，按并网点最高电压等级确定）接入系统方案，出具评审意见、接入电网意见函并转至地市公司营销部（客户服务中心）。工作时限：5 个工作日。

第十九条 地市/区县公司营销部（客户服务中心）负责将接入系统方

案确认单，35 千伏、10 千伏项目接入电网意见函告知项目业主。工作时限：3 个工作日。

第二十五条 在受理客户设计审查申请后，地市公司营销部（客户服务中心）负责组织地市公司发展部、运检部（检修公司）、调控中心等部门（单位），依照国家、行业标准以及批复的接入系统方案对设计文件进行审查，并出具审查意见告知项目业主，项目业主根据答复意见开展接入系统工程建设等后续工作。工作时限：10 个工作日。

第二十八条 地市/区县公司负责分布式电源接入引起的公共电网改造工程，包括随公共电网线路架设的通信光缆及相应公共电网变电站通信设备改造等建设。其中，对于纳入公司年度综合计划的公共电网改造工程，执行公司现行项目管理规定；对于未纳入的，由地市公司运检部（检修公司）在项目业主确认接入系统方案后，组织地市公司经研所完成公共电网改造工程项目建议书，提出投资计划建议并送地市公司发展部，地市公司发展部安排投资计划并报省公司发展部、财务部备案。工作时限：20 个工作日。

第二十九条 在收到地市公司项目建议书和投资计划备案后，省公司发展部会同财务部完成 ERP 建项。工作时限：5 个工作日。

第三十一条 地市/区县公司营销部（客户服务中心）负责受理项目业主并网验收与调试申请，协助项目业主填写申请表，接收、审验、存档相关材料，并报地市公司运检部（检修公司）、调控中心。工作时限：2 个工作日。

第三十二条 地市公司营销部（客户服务中心）负责按照公司统一格式

合同文本办理发用电合同签订工作。其中，对于发电项目业主与电力用户为同一法人的，与项目业主（即电力用户）签订发用电合同；对于发电项目业主与电力用户为不同法人的，与电力用户、项目业主签订三方发用电合同。地市公司调控中心负责起草、签订 35 千伏及 10 千伏接入项目调度协议。合同提交地市公司财务、法律等相关部门会签。其中，自发自用余电上网的分布式电源发用电合同签订后报省公司交易中心备案。工作时限：8 个工作日。

第三十三条　地市/区县公司营销部（客户服务中心）负责电能计量表计的安装工作。分布式电源的发电出口以及与公用电网的连接点均应安装具有电能信息采集功能的计量表，实现对分布式电源的发电量和电力用户上、下网电量的准确计量。分布式电源并网运行信息采集及传输应满足《电力二次系统安全防护规定》等相关制度标准要求。工作时限：8 个工作日。

第三十四条　电能计量表安装完成、合同与协议签订完毕后，地市/区县公司负责组织分布式电源并网验收、调试工作。其中：

35 千伏、10 千伏接入项目，地市公司调控中心负责组织相关部门开展项目并网验收工作，出具并网验收意见，并开展并网调试有关工作，调试通过后直接转入并网运行；

380（220）伏接入项目，地市/区县公司营销部（客户服务中心）负责组织相关部门开展项目并网验收及调试，出具并网验收意见，验收调试通过后直接转入并网运行。若验收调试不合格，提出整改方案。工作时限：10 个工作日。

2.《国家发展改革委关于完善光伏发电上网电价机制有关问题的通知》（发改价格〔2019〕761号）

（1）完善集中式光伏发电上网电价形成机制。

1）将集中式光伏电站标杆上网电价改为指导价。

2）新增集中式光伏电站上网电价原则上通过市场竞争方式确定，不得超过所在资源区指导价。

3）国家能源主管部门已经批复的纳入财政补贴规模且已经确定项目业主，但尚未确定上网电价的集中式光伏电站（项目指标作废的除外），2019年6月30日（含）前并网的，上网电价按照《2018年光伏发电有关事项的通知》（发改能源〔2018〕823号）规定执行；7月1日（含）后并网的，上网电价按照本通知规定的指导价执行。

（2）适当降低新增分布式光伏发电补贴标准。

1）纳入2019年财政补贴规模，采用"自发自用、余量上网"模式的工商业分布式（即除户用以外的分布式）光伏发电项目，全发电量补贴标准调整为每千瓦时0.10元；采用"全额上网"模式的工商业分布式光伏发电项目，按所在资源区集中式光伏电站指导价执行。能源主管部门统一实行市场竞争方式配置的工商业分布式项目，市场竞争形成的价格不得超过所在资源区指导价，且补贴标准不得超过每千瓦时0.10元。

2）纳入2019年财政补贴规模，采用"自发自用、余量上网"模式和"全额上网"模式的户用分布式光伏全发电量补贴标准调整为每千瓦时0.18元。

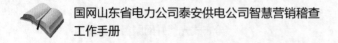
第二节 稽 查 要 点

1. 分布式光伏新装计量点类型和主用途类型选择错误

分布式光伏的计量点类型必须为电厂关口，主用途类型必须是上网关口或者发电关口。若分布式光伏新装计量点类型和主用途类型选择错误，则存在上网电量异常，有客户投诉风险。

2. 分布式光伏新装电能表方案缺失

分布式光伏的计量点类型为实抄，需要制定电能表方案；若计量点类型为实抄、未制定电能表方案，则造成漏记电量，客户无补贴电费，有客户投诉风险。

📚 典型案例

（1）案例描述：某光伏新装用户，2021 年 5 月并网，5 个并网计量点。下月抄表时发现，其中 4 个并网计量点电量正常，1 个并网计量点无电量。经系统核查发现，该并网计量点在营销系统内未制订电能表方案，导致抄表时没有抄读到该计量点电量。

（2）案例评析：并网计量点未制订电能表方案，漏记电量，客户无补贴电费，有客户投诉风险。

3. 分布式光伏未关联台区

分布式光伏用户的计量点必须要关联台区,若用户未关联台区，导致不能实现采集，需手工抄录示数，存在管理风险。

4. 分布式光伏新装未关联电价

分布式光伏用户的计量点必须要关联电价；若未关联电价，存在客户无补贴电价，漠视侵害群众利益，有客户投诉风险。

典型案例

（1）案例描述：某光伏新装用户，2021 年 5 月并网。下月抄表时发现，该客户有发电量、上网电量，但无电费。经系统核查发现，工作人员为该光伏客户办理新装业务时，营销系统档案中未关联相关电价，导致电价为 0，造成客户无补贴电费。

（2）案例评析：工作人员在分布式光伏用户新装环节，未在营销系统档案内正确关联相关电价，让用户无法享受补贴电价，漠视侵害群众利益，有客户投诉风险。

5. 分布式光伏用户电价信息选择错误

发电关口电价必须对应以下电价规则：

分布式光伏发电–发电量国家补助电价，含增值税（FBSFD101-FBSD103）；

分布式光伏发电-屋顶光伏-发电量国家和省级补助电价，含增值税（FBSFD104-FBSD106）；

分布式光伏发电-2017 年全电量上网-发电量国家和省级补助电价（FBSFD501-FBSFD503）；

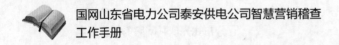

2017年7月分布式光伏发电-发电量国家补助电价（全额上网）（FBSFD504-FBSFD506）；

分布式光伏发电-新 2015 年屋顶光伏全电量上网-发电量国家和省级补助电价（FBSFD507-FBSFD509）；

分布式光伏发电-新 2015 年全电 76 量上网-发电量国家补助电价（FBSFD510-FBSFD512）；

分布式光伏发电-新 2016 年屋顶光伏全电量上网-发电量国家和省级补助电价（FBSFD513-FBSFD515）；

分布式光伏发电-新 2016 年全电量上网-发电量国家补助电价（FBSFD516-FBSFD518）。

若分布式光伏客户电价信息错误，存在电价执行错误，漠视侵害群众利益，有客户投诉风险。为了让客户享受更高政府补贴的光伏电价，工作人员在不具备验收合格的情况下，提前在营销系统内为客户办理并网手续，使国家利益受损，存在廉政风险。

典型案例

（1）案例描述：某光伏新装客户，发电量消纳方式为"自发自用，余电上网"。恰逢政府对光伏电价调整，为了让用户享受更高政府补贴的光伏电价，工作人员提前将新装流程结束。系统的立项时间与现场实际不一致。

（2）案例评析：工作人员在分布式光伏客户新装环节，人为修改营销系统档案内立项以及竣工验收时间，让客户错误享受补贴电价，存在廉政问题，影响企业形象。

6. 分布式光伏客户经度纬度与属地省份不一致

光伏客户经度纬度信息与属地省份不一致，存在非属地用户落实属地省发改委光伏相关政策文件的风险，影响供用电双方的切身利益。

7. 分布式光伏客户客户类别选择错误

若客户类别选"同一法人或不同法人"，则项目信息内须上传项目备案文件；若光伏客户新装客户类别选择错误，将影响补贴政策执行，导致补贴发放错误，有客户投诉风险。

典型案例

（1）案例描述：2021 年 8 月，稽查人员发现某分布式光伏用户，客户类别为"全部自用"，该客户上网电量不为零。经现场核查发现，该分布式光伏客户，客户类别实际应为"自发自用，余电上网"，营销系统内客户类别选择错误。

（2）案例评析：发电客户关联的用电户公共连接处一般都装设逆功率保护装置，防止逆功率出现。出现上网电量不为零的情况，可能是逆功率保护装置未正确装设并投入使用，或者已有逆功率保护装置故障；也可能是工作人员在受理用户并网申请时，错误地将营销系统内客户类别选择为"全部自用"。若分布式光伏客户客户类别选择错误，将影响补贴政策执行，导致补贴发放错误，有客户投诉风险。

8. 分布式光伏综合倍率与互感器信息不匹配

在分布式光伏新装等流程归档前，按照现场实际安装信息正确维护综合倍率和互感器信息（综合倍率=电流变比×电压变比），确保分布式光伏用户准确计量发电量和上网电量。分布式光伏用户综合倍率设置错误，导致分布式光伏用户发电量、上网电量计算错误，存在分布式光伏补贴发放错误的风险。

9. 分布式新装答复接入方案环节超期

落实《国家电网公司关于印发分布式电源并网服务管理规则的通知》（国家电网营销〔2014〕174 号）文件要求，按期答复接入方案，保证接入方案合理有效，保障用户并网时间。受理接入申请后，第一类项目 30 个（其中分布式光伏发电单点并网项目 10 个工作日，多点并网项目 20 个）工作日、第二类项目 50 个工作日。

接入方案答复时长判断条件：从首次业务受理完成时间到最后一次接入方案答复完成时间。

分布式电源新装流程，故意为难客户，拖延接入方案答复环节时间，影响客户并网，产生负面影响，存在监管风险。

📚 典型案例

（1）案例描述：2022 年 5 月 9 日，××客户到营业厅申请分布式光伏新装业务，装机容量 30kVA。××客户填写并网申请表后，营业厅工作人员即在营销系统内受理客户接入申请并发起工单。2022 年 7 月 1 日，客户拨打营业厅电话咨询并网进度，称一直也没见人到现场，也没接到接入方案，问问到哪一步了。

（2）案例评析：该案例中，客户装机容量 30kVA，属于第一类项目；制订接入系统方案时限：受理接入申请后，第一类项目 30 个（其中分布式光伏发电单点并网项目 10 个工作日，多点并网项目 20 个）工作日、第二类项目 50 个工作日。该案例中拖延接入方案答复环节时间，影响客户并网，产生负面影响，存在监管风险。

10. 分布式新装设计审核环节超期

落实《国家电网公司关于印发分布式电源并网服务管理规则的通知》（国家电网营销〔2014〕174 号）文件要求，按期完成答复审查意见环节，杜绝为客户指定设计单位的行为，提升用户办电体验；落实设计审核时限要求，地市公司营销部（客户服务中心）负责组织相关部门审定 380/220 伏分布式电源接入系统方案，并出具评审意见。工作时限：5 个工作日。地市公司发展部负责组织相关部门审定 35 千伏、10 千伏接入项目（对于多点并网项目，按并网点最高电压等级确定）接入系统方案，出具评审意见、接入电网意见函并转至地市公司营销部（客户服务中心）。工作时限：5 个工作日。

设计审核时长判断条件：从受理设计审查申请完成时间开始到答复审查意见完成时间，如果出现多次设计审核情况，取时间跨度最大的一次。

分布式电源新装流程，故意提高设计文件审查标准，拖延设计文件审查时间，影响客户办电体验；强迫用户选择指定设计单位，对不选择指定单位

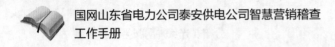
的客户故意刁难，不审核客户自行选择的设计单位的设计文件，引发客户投诉。

11. 分布式新装装表接电及合同签订环节超期

落实《国家电网公司关于印发分布式电源并网服务管理规则的通知》（国家电网营销〔2014〕174 号）文件要求，按期根据客户意向并网时间，按时限安排装表接电及合同签订，满足客户并网需求。在受理并网验收及并网调试申请后，8 个工作日内完成关口计量和发电量计量装置安装服务。

装表接电及合同签订时长判断条件：从最后一次受理并网验收申请环节完成时间到最后一次装表接电或合同签订环节完成时间，取时长最大值。

分布式电源新装流程，未按客户意向并网时间进行装表接电及合同签订，导致装表接电、合同签订时间超期，漠视客户利益。

12. 分布式新装并网验收时限超期

落实《国家电网公司关于印发分布式电源并网服务管理规则的通知》（国家电网营销〔2014〕174 号）文件要求，按时限完成并网验收，提升用户体验；明确并网验收的具体内容，缩减用户并网时间，满足客户并网需求。在电能计量装置安装、合同和协议签署完毕后，10 个工作日内组织并网验收及并网调试，向项目业主出具并网验收意见，并网调试通过后直接转入并网运行。

并网验收环节时长判断条件：从最后一次组织并网验收与调试环节完成时间到最后一次组织并网环节完成时间。

分布式电源新装流程，未按规定执行并网验收或者把关不严，为难客户，拖延客户并网时间，引发客户投诉；存在多次验收情况下，故意对验收结果不合格的内容不明确，造成客户重复整改，影响客户办电体验。

13. 分布式光伏项目运营模式错误

若项目信息中"项目投资方"与"关联用电户"为同一公司，则为"自投资"模式，反之为"合同能源管理"模式。分布式光伏用户项目信息中运营模式与实际运营模式不符，存在管理风险。

14. 分布式光伏电能表计度器勾选异常

分布式用户计量点中"发电关口"电能表计度器勾选"有功（总）"，计量点"上网关口"勾选"反向有功（总）"。分布式光伏用户电能表计度器勾选异常，存在采集异常风险，影响电量电费计算。

典型案例

（1）案例描述：2022年8月，稽查人员发现某"自发自用余电上网"的光伏用户，发电量小于上网电量。经系统核查与现场检查，发现营销系统内，该用户计量点电能表抄表示数类型与现场接线方式不一致。计量点"发电关口"电能表抄表示数类型勾选为"反向有功（总）"，而现场实际接线方式为正向接线。

（2）案例评析：电能表抄表示数类型与现场实际接线方式不一致，存在采集异常风险，影响电量电费计算、用户补贴发放，存在客户投诉风险。

15. 分布式光伏用户并网点电源与关联户不一致

分布式光伏用户并网点电源与关联户光伏用户"公共连接点方案"中的

"线路"需与其关联用电户"电源"中的"线路"相同。若两者不一致，存在影响分线线损和台区线损的风险。

16. 分布式光伏用户发电量超过合同容量

因用户多装、私装光伏等，导致分布式光伏用户发电量超过合同容量，光伏倒送电，存在电网运行风险，造成国有资产流失。

典型案例

（1）案例描述：2021 年 7 月，稽查人员发现某分布式光伏用户月度发电量大于合同容量。经现场核查发现，用户现场私装 100kVA 光伏设备，导致发电量超过合同容量。

（2）案例评析：分布式光伏用户发电量超过合同容量，可能存在以下几种原因：

光伏发电用户私增设备容量导致超容量发电；

用户换表后，由于新表计在营销系统中未及时添加反向有功示数项，在添加反向有功示数项后，之前数月电量一次在当月发行，造成月度发电量远大于理论值；

前期未正常抄表，现正常抄表，导致发电量远大于合同容量。

17. 分布式光伏用户电量异常

因抄表差错导致上网电量大于发电量，引发电费差错，给用户、供电公司或国家造成经济损失，引发投诉风险；因上网侧与发电侧表计抄表不同步，上网电量结算滞后于发电量结算，导致客户未及时享受国家补贴，存在漠视侵害群众利益嫌疑,易引发投诉风险。

典型案例一

(1)案例描述:某用户上月电费结算时,因上网表计示数未抄见,以0电量方式发行当月上网电费,发电量按实结算。本月抄表时,上月上网电量与本月上网电量电费合并发行,营销系统在抄表示数复核环节提示某发电用户上网电量大于发电量。

(2)案例评析:抄表示数错误,引起上网电费滞后结算,导致用户未及时享受国家补贴,存在漠视侵害群众利益嫌疑。

典型案例二

(1)案例描述:2022年11月7日,稽查人员发现某光伏用户连续四个月月度发电量为零。经现场核查发现,该光伏客户发电设备异常断网,造成月度发电量为零。

(2)案例评析:光伏用户月度发电量为零,可能存在计量接线错误或抄表异常,也可能存在发电客户待搬迁或维修房屋,已拆掉光伏设备,或者新并网发电客户,因自身原因未将发电设备及时投运等问题。发电设备异常断网影响设备使用效率,用户无法享受政府补贴,产生负面影响,存在管理风险。

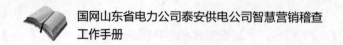

第三节 管 控 措 施

针对以上 17 种稽查要点，结合现场检查、系统核查，就可以确定稽查问题产生的原因，并提出管控措施，从而减少同类问题的持续产生。

1. 规范分布式光伏并网服务流程管控

在并网申请受理、项目备案、接入系统方案制订、设计审查、电能表安装、合同和协议签署、并网验收与调试、补助电量计量和补助资金结算服务等各项工作中，做好服务时限把关，确保不出现超时限服务问题。

并网验收时做好发电计量设备和上网计量设备检查，确保接线正确、示数正常、参数无误，对错接线、设备异常、提前并网的问题及时发现和处理，从源头减少后续计量异常问题的产生。

2. 加强抄表质量管控

强化抄表质量管控，加大抄表示数复核力度，及时处理抄表示数异常；加强现场计量装置、采集装置运行维护，及时处理故障或异常。

3. 开展常态化电量异常、电价异常分析

围绕月度发电量、上网电量及两者之间逻辑关系，开展常态化异常分析，根据稽查结果形成工单，及时督促相关单位开展系统分析和现场检查，对查实问题及时整改，并开展溯源分析，精确定位问题产生根源，提出管控措施，形成闭环。加强分布式光伏电价监督检查，定期组织开展专项稽查，确保电价执行正确。

4. 加强工作人员业务培训

开展电价政策业务知识培训，熟悉有关电价政策文件，提高判断分布式电源电价异常问题的能力；严格按照电价政策中关于分布式电源电价的执行范围在系统中正确维护。

5. 加强与光伏发电客户协同互动

与光伏发电客户保持充分沟通，一方面可以减少因光伏发电客户对分布式光伏相关业务管理规定导致的违反规定的情况发生，如私自并网等；另一方面可以及时让光伏发电客户获得计量异常相关信息，更早排查故障，减少经济损失。

分布式光伏并网业务点多面广，涉及并网申请受理、项目备案、接入系统方案制订、设计审查、电能表安装、合同和协议签署、并网验收与调试、补助电量计量和补助资金结算等各个业务流程，本章内容针对分布式光伏并网全业务流程中的各个环节，讲述了 17 个稽查要点，并针对 9 个典型案例进行分析，最后提出 5 项管控措施。

思考与练习

问题 1：分布式光伏用户月度发电量为零，有哪些可能的原因？

答案：光伏用户月度发电量为零，可能存在计量接线错误或抄表异常，也可能存在发电客户待搬迁或维修房屋，已拆掉光伏设备，或者新并网发电客户，因自身原因未将发电设备及时投运等问题。

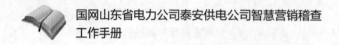

问题 2：分布式光伏用户发电量超过合同容量，有哪些可能的原因?

答案：

（1）光伏发电用户私增设备容量导致超容量发电。

（2）用户换表后，由于新表计在营销系统中未及时添加反向有功示数项，在添加反向有功示数项后，之前数月电量一次在当月发行，造成月度发电量远大于理论值。

（3）前期未正常抄表，现正常抄表，导致发电量远大于合同容量。

问题 3：对 380（220）V 分布式光伏接入项目，并网验收时限有哪些规定?

答案：电能计量表安装完成、合同与协议签订完毕后，地市/区县公司负责组织分布式电源并网验收、调试工作。380（220）V 接入项目，地市/区县公司营销部（客户服务中心）负责组织相关部门开展项目并网验收及调试，出具并网验收意见，验收调试通过后直接转入并网运行。若验收调试不合格，提出整改方案。工作时限：10 个工作日。

问题 4：对分布式光伏接入项目，制定接入系统方案时限有哪些规定?

答案：制订接入系统方案时限：受理接入申请后，第一类项目 30 个（其中分布式光伏发电单点并网项目 10 个工作日，多点并网项目 20 个）工作日、第二类项目 50 个工作日。接入方案答复时长判断条件：从首次业务受理完成时间到最后一次接入方案答复完成时间。

问题 5：针对分布式光伏并网业务，有哪些管控措施可以减少稽查工单的产生？

答案：

（1）规范分布式光伏并网服务流程管控。

（2）加强抄表质量管控。

（3）开展常态化电量异常、电价异常分析。

（4）加强工作人员业务培训。

（5）加强与光伏发电客户协同互动。

第五章　春季用电异常稽查要点

　　春季用电稽查是稽查专业的重点工作，随着天气转暖，季节性用电陆续恢复使用；而受其用电周期较短影响，部分用户存在的异常用电问题难以发现，造成公司效率效益受损。

　　稽查工作应根据春季用电明显的季节性特征，结合客户的实际可能的用电需求，通过分析客户用电行为及用电数据是否合理，发现春季用电常见的各类异常情况，如农排反季节性用电异常、学校分类电价执行错误、居民大电量异常等异常情况。

　　为切实提升春季用电稽查成效，下面将采取"3×3"方法，对3类春季稽查重点用户，从3个角度进行异常用电情况梳理。从春季用电行为入手分析，梳理概括用电特点，并进行具体举例，最后得出稽查要点。通过"3×3"全角度透视、全方位梳理、全流程分析，实现对春季用电稽查的串联梳理。

第一节　学校类用户异常

1. 用电行为分析

寒假期间，学生放假，学校仅维持值班用电，用电量应平稳且相对较低。

寒假结束后影响，2 月学校类用户普遍将迎来开学，电量出现陡增式上升。而 2 月天气依旧较为寒冷，学校一般均会通过空调进行取暖，用电量应保持相对较高。直至 3 天气逐渐转暖，用电量出现下降。

2. 用电特点概括

通过上述分析，不难得出学校类春季用电异常用户的电量特点，分为三个阶段：一是开学日期前，电量平稳且较低；开学后至 3 月期间，电量出现陡增式上升后保持较高电量；3 月后，电量降低且相对平稳。

通过营销系统抽取 2020 年以来，执行学校电价、但户名为自然人或户名包含教育、培训等字段的用户清单。以××学院为例，呈现较为经典的学校类用户春季用电走势。电量整体呈现"V"字形，12 月受空调取暖影响，电量高达 121.36 万 kWh；随着 1、2 月学生放假，相对比于放假之前，电量应呈现出明显的下降趋势；3 月，学生开学，气温仍旧偏低电量随之陡然上升，但整体气温相比 1、2 月有所上升，则 3 月取暖电量应低于 12 月取暖时电量，走线符合用电趋势。××学校春季用电电量走势图如图 5-1 所示。

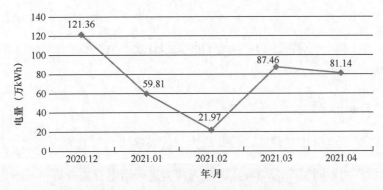

图 5-1　××学校春季用电电量走势图

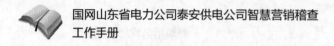
3. 用电稽查要点

在营销系统中筛选用电类别为"学校教学用电"的高压用户,对其进行春季电量的分析。对于该类客户的稽查重点主要是稽查寒假期间电量是否明显下降,开学后电量是否出现明显提升,若电量变化较小或未出现明显变化,则考虑学校内部为商业街、小吃街供电的情况,需进行现场检查;也需考虑学校是否存在私自自转供电的情况;若查实,则判定为违约用电,需按低价高接进行违约处理。营销系统筛选路径(学校教学用电)如图 5-2 所示。

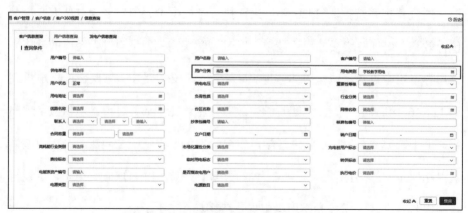

图 5-2　营销系统筛选路径(学校教学用电)

第二节　农排类用户异常

1. 用电行为分析

农业排灌电价相对较低,因此成为低价高接违约行为的泛滥重灾区。针对农排用户的不同生产活动特点,分为两类进行用电行为分析。

一是平原用户,冬季时农业生产基本停止,用电量极低甚至无电量;而随着春季万物复苏，2 月开始，农业生产活动增多，电量应出现明显提升。

二是山林及大棚用户，山林用户种植果木，一年四季均需浇水，冬季雨水较少，而春季雨水增多，电量进入春季后甚至可能出现下降；而大棚用户冬季正处生产活动高峰，灌溉活动较多，冬季与春季电量应保持不变或有小幅增长趋势；而有些具有自建蓄水池的山林及大棚用户，具有下雨天从水渠或河道中抽水、蓄水的用电习惯，从而导致雨天反而排灌用电量增加的情况，很容易在稽查工作过程中将其作为农排用电量异常而将其排查出来，这种情况则需要进行现场检查才能判断现场用电是否存在问题。

当然，农业排灌电量高低，受天气影响较大，无法一概而论。在稽查中需根据当年降水量情况进行具体分析。

2. 用电特点

针对平原类春季用电异常用户，用电特点应分为 2 个阶段：2 月之前，电量应处于较低或者无电量状态；2 月之后，电量逐步提升，整个春季都应是用电高峰时期。

以某平原用户薛×××坝（户号：3700×××2714）为例，薛×××坝位于平原地区，主要种植农作物，且在春季开始种植。该用户因冬季无种植活动，2 月之前电量均为 0；2 月之后，开始农业生产，电量出现明显提升；3 月由于雨水较多，几乎未用电。整体符合平原用户农排用电特点。薛×××坝春季用电电量走势图如图 5-3 所示。

针对山林及大棚类春季用电异常用户，用电特点应分为 2 个阶段：2 月份之前，电量应处于较高状态；2 月之后，电量根据当年雨水情况，应保持不变或出现下降。

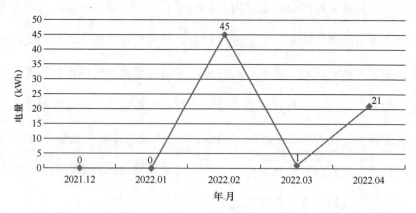

图 5-3　薛×××坝春季用电电量走势图

以某山村农排用户崔×兰（户号：3710××××5073）为例，崔×兰位于黄前镇山村中，家中种植果树及核桃树，此农排即向果园及林园灌溉用。从电量走势图（见图 5-4）可以看出，受冬季雨水较少影响，12～2 月电量均较高；从 3 月起，春雨增多，电量出现下降。

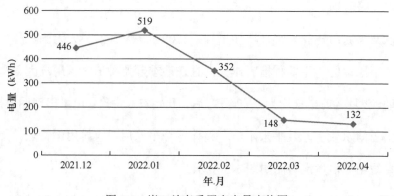

图 5-4　崔×兰春季用电电量走势图

3. 用电稽查要点

在营销系统中筛选用电类别为"农业排灌"的用户，进行春季电量分析。稽查 2 月之后月份相较冬季，电量有无明显上升。如用户电量基本保持不变，或者存在下降情况，需进行现场检查，核查其现场实际用电性质与所执行电价是否相符，核实是否为大棚或山林供电，是否存在擅自改变用电类别的情况。电量基本保持不变，考虑是否实际现场为小工商业用电；电量出现下降，考虑是否为取暖用电。营销系统筛选路径（农业排灌）如图 5-5 所示。

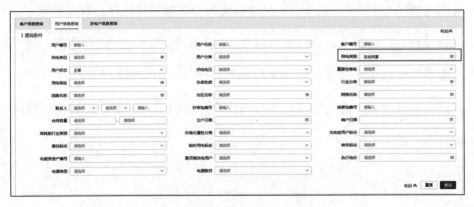

图 5-5　营销系统筛选路径（农业排灌）

第三节　居民类用户

1. 用电行为分析

针对居民类用户的春季用电异常行为分析，主要集中于乡村居民。乡村居民建造自建房，一般冬季很少施工，春季天气转暖会开始施工。因此对于正常用电的乡村居民，冬季取暖期，电量应较高；春季不取暖，电量应出现下降。对于电量不降反升的乡村居民用户，则需要加强关注。

2. 用电特点概括

针对居民类春季用电异常用户，用电特点主要分为两个阶段：3、4 月及之后月份，电量较 3 月之前反而出现明显上升。怀疑是擅自转供，将居民用电转供用作基建用电，需进行现场核实。

通过营销系统核查用电量超过居民平均用电量水平的居民客户，主要核查是否存在其他用电量较大性质的用电情况。以乡村居民生活用户张×泉用电情况为例：1 月及 2 月，受乡村无集中供暖，居民自行取暖影响，电量相对较高；3 月及之后，天气转暖，无取暖需求，电量陡然降低，张×泉春季用电电量走势图如图 5-6 所示。是一个较为经典的乡村居民春季正常用电电量模型。而与之走势相反的用户，则需要加强关注，尽快开展现场检查。

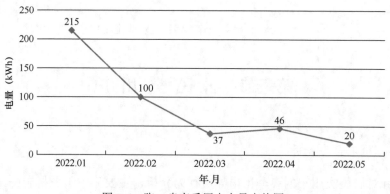

图 5-6　张×泉春季用电电量走势图

3. 用电稽查要点

在营销系统中筛选用电类别为"乡村居民生活用电"的用户，进行春季电量分析；同时可结合"居民用户大电量"的专项稽查主题进行。稽查 3 月之后相较之前，电量有无明显上升。如有，则怀疑是擅自转供为基建用电，需进行现场核实。营销系统筛选路径（乡村居民生活用电）如图 5-7 所示。

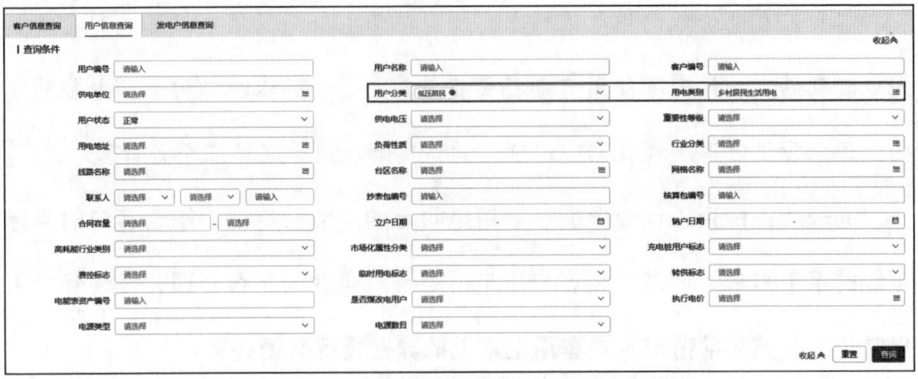

图 5-7　营销系统筛选路径（乡村居民生活用电）

在供电企业发展注重效率效益、突出问题导向的背景下，稽查工作以防范化解营销服务领域重大风险，促进依法合规经营，推动营销高质量发展为主线，坚持问题导向、目标导向、成效导向，综合施策、标本兼治，持续提升营销规范管理水平和优质服务水平。

本次通过"3×3"方式，分析了具有"季节性"特征且在春季出现用电波动的用电场景，从学校、农排、居民三类重点用户入手，通过相关实例讲解春季用电异常的核查要点及核查原则，进行了用电行为分析、用电特点概括及用电稽查要点三类阐述，力求做好春季用电异常稽查工作梳理与分析，力争实现春季用电风险全面防范、规范用电工作质量可控在控。

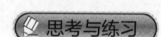

问题 1：在电价低的供电线路上，擅自接用电价高的用电设备或私自改变用电类别的，应该如何处理？

答案：在电价低的供电线路上，擅自接用电价高的用电设备或私自改变用电类别的，应按实际使用日期补交其差额电费，并承担二倍差额电费的违约使用电费。使用迄今日期难以确定的，实际使用时间按三个月计算。

问题 2：稽查工作应根据春季用电明显的季节性特征，结合客户的实际可能的用电需求，通过分析客户用电行为及用电数据是否合理，发现春季用电常见的各类异常情况。春季用电常见的异常情况有哪些？

答案：春季用电常见的异常情况有农排反季节性用电异常、学校分类电价执行错误、居民大电量异常等异常情况。

问题 3：请简要说明本章所用的"3×3"分析方法。

答案：本章通过"3×3"分析方法，分析了具有"季节性"特征且在春季出现用电波动的用电场景，从学校、农排、居民三类重点用户入手，通过相关实例讲解春季用电异常的核查要点及核查原则，进行了用电行为分析、用电特点概括及用电稽查要点总结。

问题 4：请对以下流程使用不规范事件中，暴露的问题进行分析。

【事件过程】某低压非居民客户，合同容量为 30kW，计量表电压为 380/220V，计量表电流为 5（60）A，因表计过负荷烧坏停电。工作人员接到用户报修后,现场检查发现该户实际最大负荷在 65kW,为防止用户再次烧表,直接为其更换为 10(100)A,并通过改类流程进行换表,流程归档后即办结。

答案:

暴露问题有:

(1)现场工作人员发现用户存在违约用电行为,未能及时通知用电检查人员现场取证处理,部门之间协调沟通意识不强,可能造成后续违约处理被动。

(2)现场工作人员漠视《供电营业规则》(发改令〔2024〕14 号)规定,在未违约处理未增容情况下,违规更换表计。

(3)工作人员业务流程使用不规范,改类流程代替故障换表流程,业务流程管控不到位。

(4)此业务办理明显存在多项违规,需进一步确认是否存在廉政风险。

问题 5:某低压休闲场所一块三相四线有功电能表,其擅自将 C 相电流互感器极性接反,BC 相电压元件接错相,错误计量了 6 个月,电能表 6 个月里,累计的电能数为 10 万 kWh,平均功率因数为 0.85,求追补的电量、电费及违约使用电费?

答案:

(1)错误接线的功率公式为

$$P_{错} = UI(\cos\alpha + \sqrt{3}\sin\alpha)$$

(2)更正系数为

$$K = P_{正}/P_{错} = 3UI\cos\alpha/UI(\cos\alpha + \sqrt{3}\sin\alpha) = 3/(1 + \sqrt{3}\tan\alpha)$$

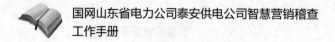

在功率因数 $\cos\alpha = 0.85$ 时，$\tan\alpha = 0.62$，代入 $K = 1.447$。

（3）所以实际有功电能数＝1.447×10 万 kWh＝14.47（万 kWh）。

（4）其应退补电能数　10-14.47＝-4.47（万 kWh）。

（5）应追补的电费　44700kWh×0.8777 元/kWh＝39233.19（元）。

（6）违约使用电费　39233.19×3 倍＝117699.57（元）。

（7）合计　39233.19 元+117699.57 元＝156932.76（元）。

第六章　变更用电服务稽查要点

变更用电是指改变供用双方事先约定的用电事宜的行为。用户的用电需求有时会随时间的推移而发生变化，因此改变用电事宜是不可避免的事情，供电企业应予受理。变更用电须由用户提出申请，按规定办理手续，修改供用电协议或供用电合同的约定。变更用电包括减容、暂停、暂换、迁址、移表、暂拆、过户、分户、并户、销户、改压、改类共十二种业务变更。

第一节　减容业务稽查要点

《国网营销部关于印发变更用电业务规则（试行）的通知》（营销营业〔2024〕39号）

1. 减容业务总体要求

用户停止部分或全部受电设备用电容量的可办理该业务。业务受理应以户为单位，高、低压用户均可以办理。高压用户减容应是整台、整组停止或更换小容量受电设备。用户减容应根据减容后的用电容量，不满足计费要求的换装对应的电能计量装置。更换小容量受电设备进行减容或更换原容量受电设备进行减容恢复时，更换的受电设备经检验合格后方可投入运行。

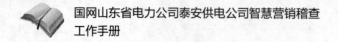
（1）非永久性减容。

1）业务办理：减容次数不受限制，每次减容时长不得少于 15 日、最长不得超过 2 年（本年 T 日到次年的 $T-1$ 日为 1 年，下文同）。2 年内恢复用电容量的按减容恢复办理，超过 2 年的按新装或增容办理。业务到期前应通过电话、短信等方式通知用户办理减容恢复或延期，到期未办理的可自动将减容期限延长至 2 年。应于减容满 2 年前 1 个月履行书面告知或公告手续（书面告知或公告手续指供电公司应当通过直接送达、留置送达和公证送达等形式书面告知用户，无法告知的应当采取公告形式，自发出公告之日起，经过三十日，即视为送达），用户仍未办理减容恢复的，不再保留减少容量的使用权，按永久性减容处理；对于全部用电容量减容的，必要时可实施分界设备停电。

2）电费计算：减容、减容恢复后，按业务变更后用电容量执行相应电价政策，对于高压用户自受电设备封停（送电）或更换完毕后的送电之日起算；对于低压用户自换装对应的电能计量装置通电之日起算。实际减容时长少于 15 日的，停用期间容（需）量电费正常收取。用户减容后容量达不到实施两部制电价规定容量标准的，应改为相应用电类别单一制电价计费。执行合同最大需量计收容（需）量电费的，合同最大需量按照减容后总容量申报；执行需量电价用户，通过换表等方式分段计算需量电费，以停（送）电日期为节点。

合同变更：非永久性减容无需重签供用电合同及其他协议。

（2）永久性减容。

1）业务办理：减容后需恢复用电容量的按新装或增容办理，减少全部用电容量的按销户办理。

2）电费计算：按减容后的容量执行相应电价政策，对于高压用户自受电设备封停或更换完毕后的送电之日起算，对于低压用户自换装对应的电能计量装置通电之日起算。执行需量电价用户，通过换表等方式分段计算需量电费，以停（送）电日期为节点。

3）合同变更：永久性减容应重新签订供用电合同及其他协议。

2. 减容业务流程

第十二条 统一线上、线下业务办理规则，全渠道受理用户业务申请，推广应用"刷脸办""一证办"功能，申请资料尚在有效期的无需再次提供，对用户一并申请的多项变更用电业务办理需求应一次收资、联合办理，实现申请即进机、受理给回执。工作时限：1个工作日。

线上受理。网上国网、95598 网站等各类线上渠道应具备变更用电业务受理功能，主动公示业务流程、申请资料、工作时限等信息。营销业务系统校验用户业务申请信息，通过后自动受理并生成业务申请单和回执，不通过的应提醒用户补齐缺失内容，无法补齐的可终止业务流程。

线下受理。业务受理人员应履行一次性告知义务，推广应用语音、视频、图像识别等技术，自动采集、智能比对用户信息，主动应用政务平台线上调取用户业务办理资料。

推行免填单服务，由营销业务系统自动生成并打印业务申请单，由用户签字或签章确认后完成申请。对于暂时无法联网获取证照信息或申请资料暂

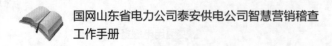

不齐全的用户,在收到其用电主体资格证明后,受理用电申请并录入营销业务系统,业务人员在后续现场勘查环节,收齐相关资料。如用户在现场勘查时不能补齐相关资料,可终止业务流程。

第十三条 方案答复环节包括现场勘查、拟订供电方案、答复供电方案3项工作。工作时限:从业务受理环节开始,至正式答复供电方案,低压3个工作日,高压单电源10个工作日,高压多电源20个工作日。

现场勘查。工作人员与用户按照预约时间开展现场勘查,应重点核实用户用电地址、用电类别、供电点等,确认减容设备容量,填写现场勘查单,或在移动作业终端录入相关信息。用户现场如存在违约用电、窃电嫌疑等异常情况,应做好记录,及时将有关情况报送相关责任部门,并暂缓办理该户用电业务。在违约用电、窃电嫌疑排查处理完毕后,重新启动业务办理流程。

拟订供电方案。工作人员应结合用户业务办理需求和现场勘查情况,合理确定供电方案基本内容:

(1)基本信息,包括但不限于用户名称、用电地址、行业分类、用电容量、负荷性质等用电信息及联系人、联系方式等其他信息。

(2)接入系统方案,包括但不限于供电电源、供电电压、供电线路、供电容量、产权分界点及接入设备等。

(3)受电系统方案,包括但不限于受电点建设方案、无功补偿标准及配置、自备应急电源及非电性质应急安全保护措施配置要求、电能质量要求等。

(4)计量计费方案,包括但不限于计量点设置、电能表类型、远程采集、精度要求等计量方案及定价策略、电价类别、峰谷标志、功率因数标准等计费方案。

对定比定量等未装表计量的用户，按照"控增量、去存量"原则，在服务用户业务办理过程中，制订装表方案，推进实现电能计量装置应装尽装。

答复供电方案。

（1）线上渠道。用户可通过网上国网预约现场服务时间。工作人员将供电方案上传至营销业务系统，营销业务系统自动生成供电方案答复单，通过网上国网一次性答复用户。用户确认后流转至下一工作环节。

（2）线下渠道。工作人员与用户确定现场服务时间并录入营销业务系统。现场勘查后制订供电方案，以供电方案答复单形式一次性答复用户，经用户签字确认后流转至下一工作环节。

第十四条　对有受电工程的高压重要电力用户、居民住宅小区需开展设计审查，对其他用户无需此环节。

工作时限：单次不超过3个工作日。

审查内容：

（1）确保资料的完整性和有效性，根据供电方案、《供电营业规则》有关规定和国家、电力行业有关标准，审查设计单位资质证明材料、受电工程设计及说明书。

（2）主要电气设备技术参数、主接线方式、运行方式、线缆规格等应满足供电方案要求；通信、继电保护及安全自动化装置设置应符合有关规程；电能计量和电能信息采集装置的配置应符合国家、电力行业电能计量装置

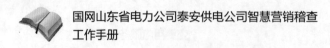

技术管理规程、国家电网公司电能计量装置以及电能信息采集系统相关技术标准。

（3）对重要电力用户还应审查供电电源配置、自备应急电源及非电性质应急安全保护措施、涉网安全自动化装置、多电源闭锁装置应满足有关规程、规定的要求。

用户如需变更审查后的设计文件，应将变更后的设计文件重新送审。鼓励应用图像、文字自动识别技术，探索实现设计材料的自动审核功能。

线上渠道。用户可通过网上国网提交设计审查申请、预约审查时间、上传审查材料。营销业务系统自动生成设计审查登记表，工作人员按约定时间组织开展设计审查。审查完成后通过网上国网将审查意见一次性答复用户。

线下渠道。工作人员与用户约定审查时间、收集审查材料。营销业务系统自动生成设计审查登记表，工作人员按约定时间组织开展设计审查。审查完成后将审查意见一次性答复用户。

第十五条 对有受电工程的高压重要电力用户、居民住宅小区需开展中间检查，对其他用户无需此环节。

工作时限：单次不超过 2 个工作日。

检查内容：根据审核同意的设计文件、《供电营业规则》有关规定和国家、电力行业有关标准，重点检查受电工程施工及试验单位资质证明材料、涉及电网安全的隐蔽工程施工工艺及试验记录，确保检查资料的完整性和有效性。

线上渠道。用户可通过网上国网提交中间检查申请、预约检查时间、上传检查材料。营销业务系统自动生成中间检查登记表，工作人员按约定时间到现场组织开展中间检查。检查完成后通过网上国网将检查意见一次性答复用户。

线下渠道。工作人员与用户约定检查时间、收集检查材料。营销业务系统自动生成中间检查登记表，工作人员按约定时间到现场组织开展中间检查。检查完成后将检查意见一次性答复用户。

第十六条 对高压用户受电工程的涉网部分需开展竣工检验，对其他用户无需此环节。

工作时限：单次不超过 3 个工作日。检验内容：

（1）确保检验资料的完整性和有效性，根据国家、电力行业相关政策要求、技术标准和用户工程竣工报告，对受电工程涉网部分进行全面检验。

（2）电源接入方式、受电容量、电气主接线、运行方式、无功补偿、自备电源、计量配置、保护配置等应符合供电方案；电气设备应符合国家的政策法规；试验项目应齐全、结论应合格；电能计量装置配置和接线应符合计量规程要求，电能信息采集等装置应配置齐全、符合技术规范要求。

（3）冲击负荷、非对称负荷及谐波源设备应采取有效的治理措施。

（4）双（多）路电源闭锁装置应可靠，备用电源管理应完善、单独接地、投切装置应符合要求。

（5）用户应当按照国家和行业标准配置自备应急电源，采取非电性质应急安全保护措施。自备应急电源容量至少应满足全部保安负荷正常启动和带载运行的要求，非电性质应急安全保护措施及应急预案应完整有效。

对有受电工程的高压非重要电力用户（居民住宅小区除外），设计单位资

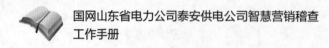

质证明材料和受电工程设计及说明书、施工单位资质证明材料、涉及电网安全的隐蔽工程施工工艺及试验记录等可在该环节合并提供。

1）线上渠道。用户可通过网上国网提交竣工检验申请、预约检验时间、上传检验材料。营销业务系统自动生成竣工检验登记表，工作人员按约定时间现场组织开展竣工检验。

检验完成后通过网上国网将检验意见一次性答复用户。检验通过后流转至下一工作环节。探索推广"云检验"服务，用户通过网上国网上传现场图片和视频，提升竣工检验一次通过率。

2）线下渠道。工作人员与用户约定检验时间、收集检验材料。营销业务系统自动生成竣工检验登记表，工作人员按约定时间到现场组织开展竣工检验。检验完成后将检验意见一次性答复用户。

第十七条　对需要变更的供用电合同及其他协议文本内容，由供用电双方协商一致后确定，经双方法定代表人、企业负责人或授权委托人签章后生效。推广应用合同结构化填写、自动化生成、电子化签章功能，线上签订供用电合同及其他协议。

此环节需在计量装拆及封停送电前完成。

第十八条　工作人员根据供电方案、作业条件、工作环境及危险点等制订工作计划，填写工作票并签发；按照与用户约定时间现场装拆电能计量装置，核对装置编号，准确记录电能表示数、互感器变比、装拆时间等信息，用户在计量装拆单或移动作业终端上签字确认后，对电能计量装置加封并记录封印编号。

工作时限：低压 2 个工作日，高压 3 个工作日。

第十九条　工作人员应一次性告知用户需配合的工作内容及注意事项，与用户约定现场工作时间。现场确认设备状态后，准确记录现场电能表示数，指导用户对受电设备开展封停或送电工作，并由用户在工作单或移动作业终端签字确认。送电工作开始前，工作人员还应对用户更换或启用的受电设备进行检验，合格后启封送电。

工作时限：与计量装拆环节并行。

第二十条　试算通过的自动流转至下一工作环节，试算异常的应复核用户用电类别、电价类别、电能表示数等信息，并将工单调度或回退至相关环节处理，直至试算通过。

工作时限：1 个工作日。

第二十一条　业务归档包括信息归档和资料归档。信息归档由营销业务系统自动发起校核，通过后完成信息归档。

资料归档按照"谁办理、谁提供、谁负责"的原则，收集、整理并核对归档资料，纸质资料应扫描上传至营销业务系统，实现档案电子化。在营销业务系统探索实现档案资料"一键生成、一键整理、一键归档"功能。

工作时限：1 个工作日。

3. 稽查要点

客户减容后要立即进行现场核实，确保现场确已减容，防止客户私自启用，出现违约用电等行为。

客户办理永久性减容，要现场对减容后变压器容量进行测试，确保现场

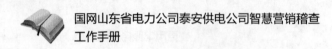

与系统内容量对应，防止客户伪造变压器铭牌等违约用电行为。

客户对多台变压器中的一台变压器进行临时性减容，要现场核实跌落开关是否已拆除，防止客户私自送电使用。

4. 典型案例

用户瑞航锻造有限公司申请减容，由 500kVA 永久减容至 250kVA，现场核实时变压器铭牌为 250kVA，但发现变压器铭牌有人为修改的痕迹，立即对该变压器进行了容量检测，结果该变压器实际容量为 315kVA，最终按违约用电对该用户进行了处理。

第二节 过户业务稽查要点

《国网营销部关于印发变更用电业务规则（试行）的通知》（营销营业〔2024〕39 号）

1. 过户的总体要求

用户因用电地址物权归属、管理权责等发生变更引起用电人变更的，可办理该业务，规则如下。

（1）原户应结清电费。用户之间存在用电纠纷的，应当妥善处理后，再行申请办理过户。

（2）临时用电可以办理过户业务。

（3）过户后的新户用电性质发生变化的，应重新确定用户行业分类、用电类别、电价类别等基础信息。

（4）对发现用电地址物权发生变化，应通知用户补办过户手续，经告知仍未补办过户手续、签订供用电合同的，必要时通过书面告知，履行审批后可中止供电。

（5）执行需量电价用户，通过换表等方式分段计算需量电费，以停（送）电日期为节点。对直接参与电力市场交易的用户，营销业务系统应向电力交易平台提供业务受理、分段计量数据等信息，电力交易平台应向营销业务系统提供原户最新结算周期的最终结算依据。

（6）过户应与原户解除、与新户签订供用电合同及其他协议。委托转供电用户还须同步变更委托转供电协议。

2. 过户业务流程

第五十六条 统一线上、线下业务办理规则，全渠道受理用户业务申请，推广应用"刷脸办""一证办"功能，申请资料尚在有效期的无需再次提供，对用户一并申请的多项变更用电业务办理需求应一次收资、联合办理，实现申请即进机、受理给回执。工作时限：1个工作日。

线上受理。网上国网、95598网站等各类线上渠道应具备变更用电业务受理功能，主动公示业务流程、申请资料、工作时限等信息。营销业务系统校验用户业务申请信息，通过后自动受理并生成业务申请单和回执，不通过的应提醒用户补齐缺失内容，无法补齐的可终止业务流程。

线下受理。业务受理人员应履行一次性告知义务，推广应用语音、视频、图像识别等技术，自动采集、智能比对用户信息，主动应用政务平台线上调取用户业务办理资料。

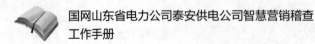

推行免填单服务，由营销业务系统自动生成并打印业务申请单，由用户签字或签章确认后完成申请。对于暂时无法联网获取证照信息或申请资料暂不齐全的用户，在收到其用电主体资格证明后，受理用电申请并录入营销业务系统，业务人员在后续现场勘查环节，收齐相关资料。如用户在现场勘查时不能补齐相关资料，可终止业务流程。

第五十七条　方案答复环节包括现场勘查、拟订供电方案、答复供电方案 3 项工作，对无增容、改类等涉及接入工程、受电工程及计价计费信息变更的业务联办需求，则仅包含现场勘查工作。工作时限：从业务受理环节开始，至正式答复供电方案，低压 3 个工作日，高压单电源 10 个工作日，高压多电源 20 个工作日。如仅有现场勘查，低压 1 个工作日，高压 2 个工作日；对有特殊要求的用户，按照与用户约定的时间完成。

（1）现场勘查。工作人员与用户按照预约时间开展现场勘查，应重点核实用电地址等，确认用户改类、增容等联办需求，填写现场勘查单，或在移动作业终端录入相关信息。用户现场如存在违约用电、窃电嫌疑等异常情况，工作人员应做好记录，及时将有关情况报送相关责任部门，并暂缓办理该用户用电业务。在违约用电、窃电嫌疑排查处理完毕后，重新启动业务办理流程。

（2）拟订供电方案。工作人员应结合用户业务办理需求和现场勘查情况，合理确定供电方案基本内容：

1）基本信息，包括但不限于用户名称、用电地址、行业分类、用电容量、负荷性质等用电信息及联系人、联系方式等其他信息。

2）接入系统方案，包括但不限于供电电源、供电电压、供电线路、供电容量、产权分界点及接入设备等。

3）受电系统方案，包括但不限于受电点建设方案、无功补偿标准及配置、自备应急电源及非电性质应急安全保护措施配置要求、电能质量要求等。

4）计量计费方案，包括但不限于计量点设置、电能表类型、远程采集、精度要求等计量方案及定价策略、电价类别、峰谷标志、功率因数标准等计费方案。

对定比定量等未装表计量的用户，按照"控增量、去存量"原则，在服务用户业务办理过程中，制订装表方案，推进实现电能计量装置应装尽装。

（3）答复供电方案。

1）线上渠道。用户可通过网上国网预约现场服务时间。工作人员将供电方案上传至营销业务系统，营销业务系统自动生成供电方案答复单，通过网上国网一次性答复用户。用户确认后流转至下一工作环节。

2）线下渠道。工作人员与用户确定现场服务时间并录入营销业务系统。现场勘查后制订供电方案，以供电方案答复单形式一次性答复用户，经用户签字确认后流转至下一工作环节。

第五十八条 应先与原户解除供用电合同，与新户签订供用电合同及其他协议，文本内容由供用电双方协商一致后确定，经双方法定代表人、企业负责人或授权委托人签章后生效。推广应用合同结构化填写、自动化生成、电子化签章功能，线上签订供用电合同及其他协议。

此环节在计量装拆前完成。

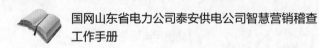
第五十九条 工作人员根据供电方案、作业条件、工作环境及危险点等制订工作计划，填写工作票并签发；按照与用户约定时间现场装拆电能计量装置，核对装置编号，准确记录电能表示数、互感器变比、装拆时间等信息，用户在计量装拆单或移动作业终端上签字确认后，对电能计量装置加封并记录封印编号。

工作时限：低压 2 个工作日，高压 3 个工作日。

第六十条 试算通过的自动流转至下一工作环节，试算异常的应复核用户用电类别、电价类别、电能表示数等信息，并将工单调度或回退至相关环节处理，直至试算通过。

工作时限：1 个工作日。

第六十一条 根据用户需求和实际情况选择是否实施清算，其中高压用户过户必须清算。清算环节后不可终止、调度、回退流程。

工作时限：1 个工作日。

第六十二条 业务归档包括信息归档和资料归档。信息归档由营销业务系统自动发起校核，通过后完成信息归档。

资料归档按照"谁办理、谁提供、谁负责"的原则，收集、整理并核对归档资料，纸质资料应扫描上传至营销业务系统，实现档案电子化。在营销业务系统探索实现档案资料"一键生成、一键整理、一键归档"功能。工作时限：1 个工作日。

3. 稽查要点

（1）现场核实，过户（更名）客户是否存在一址多户、是否刻意规避大

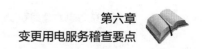

工业基本电费等情况。

（2）现场核实客户办理更名过户是否为主观意愿，防止产权人在不知情情况下出现产权变更。

（3）现场核实过户是否为新增业扩客户，是否为供电所通过过户更名等手段，逃避业扩验收检查。

4．典型案例

用户某锻造有限公司系统存在两户，分别为 RH 锻造有限公司一号及 RH 锻造有限公司二号，且均为 250kVA 变压器，为逃避大工业基本电费，客户让其家属重新申请注册了公司名为某高端制造有限公司，并称因破产将 RH 锻造有限公司二号变压器卖于某高端制造有限公司，申请过户，经现场核实，两台变压器在同一地址，同时存在两台变压器低压互供等情况，由此认定该户存在规避大工业基本电费，对用户进行查处。

第三节 分户业务稽查要点

《国网营销部关于印发变更用电业务规则（试行）的通知》（营销营业〔2024〕39号）

1．分户业务总体要求

用户受电设备具备分装条件、分立为两户及以上的可办理该业务，规则如下。

（1）用户申请办理分户业务，应满足用电地址、供电点、用电容量不变

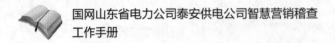

国网山东省电力公司泰安供电公司智慧营销稽查
工作手册

的条件。

（2）原户应结清电费，分立新户的用电地址应具有独立的不动产权属。

（3）原户用电容量由用户自行协商分割，分户引起的产权分界点用户侧工程费用由用户负担。

（4）分户后的受电设备经检验合格后应分别装表计费，原户、分立新户用电性质发生变化的，应按国家政策重新确定用户行业分类、用电类别、电价类别等基础信息。

（5）执行需量电价用户，通过换表等方式分段计算需量电费，以停（送）电日期为节点。对直接参与电力市场交易的用户，营销业务系统应向电力交易平台提供业务受理、分段计量数据等信息。

（6）原户应重新签订供用电合同及其他协议，分立的新户应签订供用电合同及其他协议。

2. 变更流程

第六十八条 统一线上、线下业务办理规则，全渠道受理用户分户业务申请，推广应用"刷脸办""一证办"功能，申请资料尚在有效期的无需再次提供，对用户一并申请的多项变更用电业务办理需求应一次收资、联合办理，实现申请即进机、受理给回执。

工作时限：1个工作日。

（1）线上受理。网上国网、95598网站等各类线上渠道应具备分户业务受理功能，主动公示业务流程、申请资料、工作时限等信息。营销业务系统校验用户业务申请信息，通过后自动受理并生成业务申请单和回执，不通过的应提醒用户补齐缺失内容，无法补齐的可终止业务流程。

（2）线下受理。业务受理人员应履行一次性告知义务，推广应用语音、视频、图像识别等技术，自动采集、智能比对用户信息，主动应用政务平台线上调取用户业务办理资料。

推行免填单服务，由营销业务系统自动生成并打印业务申请单，由用户签字或签章确认后完成申请。对于暂时无法联网获取证照信息或申请资料暂不齐全的用户，在收到其用电主体资格证明后，受理用电申请并录入营销业务系统，业务人员在后续现场勘查环节，收齐相关资料。如用户在现场勘查时不能补齐相关资料，可终止业务流程。

第六十九条 方案答复环节包括现场勘查、拟订供电方案、答复供电方案3项工作。

工作时限：从业务受理环节开始，至正式答复供电方案，低压3个工作日，高压单电源10个工作日，高压多电源20个工作日。

（1）现场勘查。工作人员与用户按照预约时间开展现场勘查，应重点核实用电地址、供电点、用电容量等，确认用户受电设备具备分装条件，填写现场勘查单，或者在移动作业终端上录入相关信息。用户现场如存在违约用电、窃电嫌疑等异常情况，勘查人员应做好记录，及时将有关情况报送相关责任部门，并暂缓办理该用户用电业务。在违约用电、窃电嫌疑排查处理完毕后，重新启动业务办理流程。

（2）拟订供电方案。工作人员应结合用户业务办理需求和现场勘查情况，合理确定供电方案基本内容：

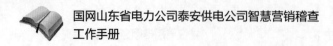

1）基本信息，包括但不限于用户名称、用电地址、行业分类、用电容量、负荷性质等用电信息及联系人、联系方式等其他信息。

2）接入系统方案，包括但不限于供电电源、供电电压、供电线路、供电容量、产权分界点及接入设备等。

3）受电系统方案，包括但不限于受电点建设方案、无功补偿标准及配置、自备应急电源及非电性质应急安全保护措施配置要求、电能质量要求等。

4）计量计费方案，包括但不限于计量点设置、电能表类型、远程采集、精度要求等计量方案及定价策略、电价类别、峰谷标志、功率因数标准等计费方案。

对定比定量等未装表计量的用户，按照"控增量、去存量"原则，在服务用户业务办理过程中，制订装表方案，推进实现电能计量装置应装尽装。

（3）答复供电方案。

1）线上渠道。用户可通过网上国网预约现场服务时间。工作人员将供电方案上传至营销业务系统，营销业务系统自动生成供电方案答复单，通过网上国网一次性答复用户。用户确认后流转至下一工作环节。

2）线下渠道。工作人员与用户确定现场服务时间并录入营销业务系统。现场勘查后制订供电方案，以供电方案答复单形式一次性答复用户，经用户签字确认后流转至下一工作环节。

第七十条 对有受电工程的高压重要电力用户、居民住宅小区需开展设计审查，对其他用户无需此环节。

工作时限：单次不超过 3 个工作日。

审查内容：

1）确保资料的完整性和有效性，根据供电方案、《供电营业规则》有关规定和国家、电力行业有关标准，审查设计单位资质证明材料、受电工程设计及说明书。

2）主要电气设备技术参数、主接线方式、运行方式、线缆规格等应满足供电方案要求；通信、继电保护及安全自动装置设置应符合有关规程；电能计量和电能信息采集装置的配置应符合国家、电力行业电能计量装置技术管理规程、国家电网公司电能计量装置以及电能信息采集系统相关技术标准。

3）对重要电力用户还应审查供电电源配置、自备应急电源及非电性质应急安全保护措施、涉网安全自动装置、多电源闭锁装置应满足有关规程、规定的要求。

用户如需变更审查后的设计文件，应将变更后的设计文件重新送审。鼓励应用图像、文字自动识别技术，探索实现设计材料的自动审核功能。

（1）线上渠道。用户可通过网上国网提交设计审查申请、预约审查时间、上传审查材料。营销业务系统自动生成设计审查登记表，工作人员按约定时间组织开展设计审查。审查完成后通过网上国网将审查意见一次性答复用户。

（2）线下渠道。工作人员与用户约定审查时间、收集审查材料。营销业务系统自动生成设计审查登记表，工作人员按约定时间组织开展设计审查。审查完成后将审查意见一次性答复用户。

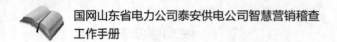

第七十一条　对有受电工程的高压重要电力用户、居民住宅小区需开展中间检查，对其他用户无需此环节。

工作时限：单次不超过 2 个工作日。

检查内容：根据审核同意的设计文件、《供电营业规则》有关规定和国家、电力行业有关标准，重点检查受电工程施工及试验单位资质证明材料、涉及电网安全的隐蔽工程施工工艺及试验记录，确保检查资料的完整性和有效性。

（1）线上渠道。用户可通过网上国网提交中间检查申请、预约检查时间、上传检查材料。营销业务系统自动生成中间检查登记表，工作人员按约定时间到现场组织开展中间检查。检查完成后通过网上国网将检查意见一次性答复用户。

（2）线下渠道。工作人员与用户约定检查时间、收集检查材料。营销业务系统自动生成中间检查登记表，工作人员按约定时间到现场组织开展中间检查。检查完成后将检查意见一次性答复用户。

第七十二条　对高压用户受电工程的涉网部分需开展竣工检验，对其他用户无需此环节。

工作时限：单次不超过 3 个工作日。检验内容：

1）确保检验资料的完整性和有效性，根据国家、电力行业相关政策要求、技术标准和用户工程竣工报告，对受电工程涉网部分进行全面检验。

2）电源接入方式、受电容量、电气主接线、运行方式、无功补偿、自备电源、计量配置、保护配置等应符合供电方案；电气设备应符合国家的政策法规；试验项目应齐全、结论应合格；电能计量装置配置和接线应符合计量规程要求，电能信息采集等装置应配置齐全、符合技术规范要求。

3）冲击负荷、非对称负荷及谐波源设备应采取有效的治理措施。

4）双（多）路电源闭锁装置应可靠，备用电源管理应完善、单独接地、投切装置应符合要求。

5）用户应当按照国家和行业标准配置自备应急电源，采取非电性质应急安全保护措施。自备应急电源容量至少应满足全部保安负荷正常启动和带载运行的要求，非电性质应急安全保护措施及应急预案应完整有效。

对有受电工程的高压非重要电力用户（居民住宅小区除外），设计单位资质证明材料和受电工程设计及说明书、施工及试验单位资质证明材料、涉及电网安全的隐蔽工程施工工艺及试验记录等可在该环节合并提供。

（1）线上渠道。用户可通过网上国网提交竣工检验申请、预约检验时间、上传检验材料。营销业务系统自动生成竣工检验登记表，工作人员按约定时间现场组织开展竣工检验。

检验完成后通过网上国网将检验意见一次性答复用户。探索推广"云检验"服务，用户通过网上国网上传现场图片和视频，提升竣工检验一次通过率。

（2）线下渠道。工作人员与用户约定检验时间、收集检验材料。营销业务系统自动生成竣工检验登记表，工作人员按约定时间到现场组织开展竣工检验。检验完成后将检验意见一次性答复用户。

第七十三条 应与原户解除供用电合同，与新户签订供用电合同及其他

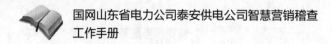
协议，文本内容由供用电双方协商一致后确定，经双方法定代表人、企业负责人或授权委托人签章后生效。推广应用合同结构化填写、自动化生成、电子化签章功能，线上签订供用电合同及其他协议。

此环节需在计量装拆及封停送电前完成。

第七十四条　工作人员根据供电方案、作业条件、工作环境及危险点等制订工作计划，填写工作票并签发；按照与用户约定时间现场装拆电能计量装置，核对装置编号，准确记录电能表示数、互感器变比、装拆时间等信息，用户在计量装拆单或移动作业终端上签字确认后，对电能计量装置加封并记录封印编号。

工作时限：低压 2 个工作日，高压 3 个工作日。

第七十五条　工作人员应一次性告知用户需配合的工作内容及注意事项，与用户约定现场工作时间。现场确认设备状态后，准确记录现场电能表示数，指导用户对受电设备开展封停或送电工作，并由用户在工作单或移动作业终端签字确认。送电工作开始前，工作人员还应对用户更换或启用的受电设备进行检验，合格后启封送电。

工作时限：与计量装拆环节并行。

第七十六条　试算通过的自动流转至下一工作环节，试算异常的应复核用户用电类别、电价类别、电能表示数等信息，并将工单调度或回退至相关环节处理，直至试算通过。

工作时限：1 个工作日。

第七十七条　根据用户需求和实际情况选择是否实施清算。电能表示数通过透抄、特抄等方式获取。清算环节后不可终止、调度、回退流程。

工作时限：1个工作日。

第七十八条 业务归档包括信息归档和资料归档。信息归档由营销业务系统自动发起校核，通过后完成信息归档。

资料归档按照"谁办理、谁提供、谁负责"的原则，收集、整理并核对归档资料，纸质资料应扫描上传至营销业务系统，实现档案电子化。在营销业务系统探索实现档案资料"一键生成、一键整理、一键归档"功能。

工作时限：1个工作日。

3．稽查要点

现场核实分户用户是否存在一址多户、是否刻意规避大工业基本电费等情况。

现场核实用户办理分户是否为主观意愿，防止产权人在不知情情况下出现产权变更，防止日后出现纠纷。

4．典型案例

客户某锻造有限公司现场存在 2 台 250kVA 变压器，总容量为 500kVA，与系统档案一致。客户为规避大工业基本电费，让其家属重新申请注册了公司名为某高端制造有限公司，并称因破产将其中一台 250kVA 变压器卖于某高端制造有限公司，特申请分户。经现场核实两台变压器在同一厂区地址，同时存在两台变压器低压互供等情况，由此认定该户存在规避大工业基本电费，对客户进行查处。

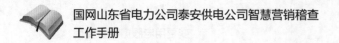
第四节　并户业务稽查要点

《国网营销部关于印发变更用电业务规则（试行）的通知》（营销营业〔2024〕39号）

1. 总体要求

同一供电点、同一用电地址的多个相邻用户合并为一户的可办理该业务，规则如下。

（1）原户、并入户应结清电费。

（2）新户用电容量不得超过并户前各户容量总和；并户引起的产权分界点用户侧工程费用由用户负担。

（3）并户后的受电设备经检验合格后应重新装表计费，新用户用电性质发生变化的，应按国家政策重新确定用户行业分类、用电类别、电价类别等基础信息。

（4）执行需量电价用户，通过换表等方式分段计算需量电费，以停（送）电日期为节点。对直接参与电力市场交易的用户，营销业务系统应向电力交易平台提供业务受理、分段计量数据等信息，电力交易平台应向营销业务系统提供并入户最新结算周期的最终结算依据，原户应在电力交易平台同步办理注册信息变更手续，并入户应及时在电力交易平台将交易合同履行完毕或转让。

（5）并户应与原户解除、与新户签订供用电合同及其他协议。

2. 变更流程

第八十条 统一线上、线下业务办理规则，全渠道受理用户并户业务申请，推广应用"刷脸办""一证办"功能，申请资料尚在有效期的无需再次提供，对用户一并申请的多项变更用电业务办理需求应一次收资、联合办理，实现申请即进机、受理给回执。

工作时限：1 个工作日。

（1）线上受理。网上国网、95598 网站等各类线上渠道应具备并户业务受理功能，主动公示业务流程、申请资料、工作时限等信息。营销业务系统校验用户业务申请信息，通过后自动受理并生成业务申请单和回执，不通过的应提醒用户补齐缺失内容，无法补齐的可终止业务流程。

（2）线下受理。业务受理人员应履行一次性告知义务，推广应用语音、视频、图像识别等技术，自动采集、智能比对用户信息，主动应用政务平台线上调取用户业务办理资料。

推行免填单服务，由营销业务系统自动生成并打印业务申请单，由用户签字或签章确认后完成申请。对于暂时无法联网获取证照信息或申请资料暂不齐全的用户，在收到其用电主体资格证明后，受理用电申请并录入营销业务系统，业务人员在后续现场勘查环节，收齐相关资料。如用户在现场勘查时不能补齐相关资料，可终止业务流程。

第八十一条 方案答复环节包括现场勘查、拟订供电方案、答复供电方案 3 项工作。

工作时限：从业务受理环节开始，至正式答复供电方案，低压 3 个工作

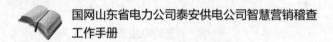

日，高压单电源 10 个工作日，高压多电源 20 个工作日。

（1）现场勘查。工作人员与用户按照预约时间开展现场勘查，应重点核实用电容量等，确认用电地址、供电点，填写现场勘查单，或者在移动作业终端上录入相关信息。用户现场如存在违约用电、窃电嫌疑等异常情况，勘查人员应做好记录，及时将有关情况报送相关责任部门，并暂缓办理该用户用电业务。在违约用电、窃电嫌疑排查处理完毕后，重新启动业务办理流程。

（2）拟订供电方案。工作人员应结合用户业务办理需求和现场勘查情况，合理确定供电方案基本内容：

1）基本信息，包括但不限于用户名称、用电地址、行业分类、用电容量、负荷性质等用电信息及联系人、联系方式等其他信息。

2）接入系统方案，包括但不限于供电电源、供电电压、供电线路、供电容量、产权分界点及接入设备等。

3）受电系统方案，包括但不限于受电点建设方案、无功补偿标准及配置、自备应急电源及非电性质应急安全保护措施配置要求、电能质量要求等。

4）计量计费方案，包括但不限于计量点设置、电能表类型、远程采集、精度要求等计量方案及定价策略、电价类别、峰谷标志、功率因数标准等计费方案。

对定比定量等未装表计量的用户，按照"控增量、去存量"原则，在服务用户业务办理过程中，制定装表方案，推进实现电能计量装置应装尽装。

3. 答复供电方案

（1）线上渠道。用户可通过网上国网预约现场服务时间。工作人员将供电方案上传至营销业务系统，营销业务系统自动生成供电方案答复单，通过网上国网一次性答复用户。用户确认后流转至下一工作环节。

（2）线下渠道。工作人员与用户确定现场服务时间并录入营销业务系统。现场勘查后制定供电方案，以供电方案答复单形式一次性答复用户，经用户签字确认后流转至下一工作环节。

第八十二条　对有受电工程的高压重要电力用户、居民住宅小区需开展设计审查，对其他用户无需此环节。

工作时限：单次不超过 3 个工作日。审查内容：

（1）确保资料的完整性和有效性，根据供电方案、《供电营业规则》有关规定和国家、电力行业有关标准，审查设计单位资质证明材料、受电工程设计及说明书。

（2）主要电气设备技术参数、主接线方式、运行方式、线缆规格等应满足供电方案要求；通信、继电保护及安全自动装置设置应符合有关规程；电能计量和电能信息采集装置的配置应符合国家、电力行业电能计量装置技术管理规程、国家电网公司电能计量装置以及电能信息采集系统相关技术标准。

（3）对重要电力用户还应审查供电电源配置、自备应急电源及非电性质应急安全保护措施、涉网安全自动装置、多电源闭锁装置应满足有关规程、规定的要求。

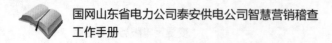

用户如需变更审查后的设计文件，应将变更后的设计文件重新送审。鼓励应用图像、文字自动识别技术，探索实现设计材料的自动审核功能。

（1）线上渠道。用户可通过网上国网提交设计审查申请、预约审查时间、上传审查材料。营销业务系统自动生成设计审查登记表，工作人员按约定时间组织开展设计审查。审查完成后通过网上国网将审查意见一次性答复用户。

（2）线下渠道。工作人员与用户约定审查时间、收集审查材料。营销业务系统自动生成设计审查登记表，工作人员按约定时间组织开展设计审查。审查完成后将审查意见一次性答复用户。

第八十三条　对有受电工程的高压重要电力用户、居民住宅小区需开展中间检查，对其他用户无需此环节。

工作时限：单次不超过 2 个工作日。检查内容：

根据审核同意的设计文件、《供电营业规则》有关规定和国家、电力行业有关标准，重点检查受电工程施工及试验单位资质证明材料、涉及电网安全的隐蔽工程施工工艺及试验记录，确保检查资料的完整性和有效性。

（1）线上渠道。用户可通过网上国网提交中间检查申请、预约检查时间、上传检查材料。营销业务系统自动生成中间检查登记表，工作人员按约定时间到现场组织开展中间检查。检查完成后通过网上国网将检查意见一次性答复用户。

（2）线下渠道。工作人员与用户约定检查时间、收集检查材料。营销业务系统自动生成中间检查登记表，工作人员按约定时间到现场组织开展中间检查。检查完成后将检查意见一次性答复用户。

第八十四条 对高压用户受电工程的涉网部分需开展竣工检验，对其他用户无需此环节。

工作时限：单次不超过 3 个工作日。检验内容：

（1）确保检验资料的完整性和有效性，根据国家、电力行业相关政策要求、技术标准和用户工程竣工报告，对受电工程涉网部分进行全面检验。

（2）电源接入方式、受电容量、电气主接线、运行方式、无功补偿、自备电源、计量配置、保护配置等应符合供电方案；电气设备应符合国家的政策法规；试验项目应齐全、结论应合格；电能计量装置配置和接线应符合计量规程要求，电能信息采集等装置应配置齐全、符合技术规范要求。

（3）冲击负荷、非对称负荷及谐波源设备应采取有效的治理措施。

（4）双（多）路电源闭锁装置应可靠，备用电源管理应完善、单独接地、投切装置应符合要求。

（5）用户应当按照国家和行业标准配置自备应急电源，采取非电性质应急安全保护措施。自备应急电源容量至少应满足全部保安负荷正常启动和带载运行的要求，非电性质应急安全保护措施及应急预案应完整有效。

对有受电工程的高压非重要电力用户（居民住宅小区除外），设计单位资质证明材料和受电工程设计及说明书、施工及试验单位资质证明材料、涉及电网安全的隐蔽工程施工工艺及试验记录等可在该环节合并提供。

（1）线上渠道。用户可通过网上国网提交竣工检验申请、预约检验时间、上传检验材料。营销业务系统自动生成竣工检验登记表，工作人员按约定时

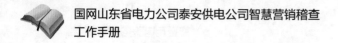
间现场组织开展竣工检验。

检验完成后通过网上国网将检验意见一次性答复用户。探索推广"云检验"服务，用户通过网上国网上传现场图片和视频，提升竣工检验一次通过率。

（2）线下渠道。工作人员与用户约定检验时间、收集检验材料。营销业务系统自动生成竣工检验登记表，工作人员按约定时间到现场组织开展竣工检验。检验完成后将检验意见一次性答复用户。

第八十五条　应与原户解除供用电合同，与新户签订供用电合同及其他协议，文本内容由供用电双方协商一致后确定，经双方法定代表人、企业负责人或授权委托人签章后生效。推广应用合同结构化填写、自动化生成、电子化签章功能，线上签订供用电合同及其他协议。

此环节需在计量装拆及封停送电前完成。

第八十六条　工作人员根据供电方案、作业条件、工作环境及危险点等制订工作计划，填写工作票并签发；按照与用户约定时间现场装拆电能计量装置，核对装置编号，准确记录电能表示数、互感器变比、装拆时间等信息，用户在计量装拆单或移动作业终端上签字确认后，对电能计量装置加封并记录封印编号。

工作时限：低压 2 个工作日，高压 3 个工作日。

第八十七条　工作人员应一次性告知用户需配合的工作内容及注意事项，与用户约定现场工作时间。现场确认设备状态后，准确记录现场电能表示数，指导用户对受电设备开展封停或送电工作，并由用户在工作单或移动作业终端签字确认。送电工作开始前，工作人员还应对用户更换或启用的受电设备进行检验，合格后启封送电。

工作时限：与计量装拆环节并行。

第八十八条 试算通过的自动流转至下一工作环节，试算异常的应复核用户用电类别、电价类别、电能表示数等信息，并将工单调度或回退至相关环节处理，直至试算通过。

工作时限：1个工作日。

第八十九条 应实施电费清算。清算环节后不可终止、调度、回退流程。

工作时限：1个工作日。

第九十条 业务归档包括信息归档和资料归档。信息归档由营销业务系统自动发起校核，通过后完成信息归档。资料归档按照"谁办理、谁提供、谁负责"的原则，收集、整理并核对归档资料，纸质资料应扫描上传至营销业务系统，实现档案电子化。在营销业务系统探索实现档案资料"一键生成、一键整理、一键归档"功能。

工作时限：1个工作日。

4. 稽查要点

现场核实并户客户是否在同一地址、同一管理单位等，防止出现系统档案错误。

5. 典型案例

客户某锻造有限公司两个厂区，相隔距离分属不同乡镇，分属不同企业法人，两个厂区企业法人为兄弟关系，因财产纠纷，一个厂区法人申请并户，

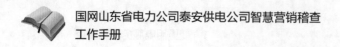
想将两个厂区并入他的名下。经现场核实，被并户的厂区法人并不知晓并户情况，且两个厂区分属不同供电所管理，最终该并户申请被拒绝。

第五节　销户业务稽查要点

《国网营销部关于印发变更用电业务规则（试行）的通知》（营销营业〔2024〕39号）

1. 总体要求

第九十一条　用户终止供用电关系的可办理该业务，规则如下。

（一）须停止现场全部用电容量的使用。

（二）用户应结清电费；对存在预收电费的用户，应同步办理银行转账或预收互转，同步收集退费所需资料，并在业务归档前完成退费。

（三）对低压用户，现场勘查后具备直接拆除电能计量装置条件的，应当场完成拆除工作；对需分界设备停电后方能拆除的，应组织相关专业人员实施分界设备停电，停电后现场拆除。

（四）对高压用户，现场勘查后具备销户条件的，工作人员指导用户拉停进线开关，组织调控、运行等专业人员开展分界设备停电、挑火、接户线拆除、电能计量装置拆除工作。

（五）对直接参与电力市场交易的用户，营销业务系统应向电力交易平台提供业务受理、分段计量数据等信息，电力交易平台应向营销业务系统提供并入户最新结算周期的最终结算依据，用户应同步在电力交易平台将交易合同履行完毕或转让。

（六）销户应与用户解除全部供用电合同及其他协议。

（七）用户连续六个月不用电，且经现场确认用电主体消亡、用电地址拆迁、受电装置已拆除等不具备继续用电条件或存在用电安全隐患的，用户限期内未履行整改义务的，应通过直接送达、留置送达和公证送达等形式书面告知用户办理销户手续；无法与用户取得联系时，工作人员进行公告超一个月后主动予以销户，用户需重新用电的按新装办理。

2. 销户业务流程

第九十二条 统一线上、线下业务办理规则，全渠道受理用户销户业务申请，推广应用"刷脸办""一证办"功能，申请资料尚在有效期的无需再次提供，对用户一并申请的多项变更用电业务办理需求应一次收资、联合办理，实现申请即进机、受理给回执。

工作时限：1 个工作日。

（1）线上受理。网上国网、95598 网站等各类线上渠道应具备销户业务受理功能，主动公示业务流程、申请资料、工作时限等信息。营销业务系统校验用户业务申请信息，通过后自动受理并生成业务申请单和回执，不通过的应提醒用户补齐缺失内容，无法补齐的可终止业务流程。

（2）线下受理。业务受理人员应履行一次性告知义务，推广应用语音、视频、图像识别等技术，自动采集、智能比对用户信息，主动应用政务平台线上调取用户业务办理资料。

推行免填单服务，由营销业务系统自动生成并打印业务申请单，由用户

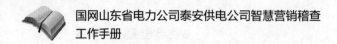

签字或签章确认后完成申请。对于暂时无法联网获取证照信息或申请资料暂不齐全的用户，在收到其用电主体资格证明后，受理用电申请并录入营销业务系统，业务人员在后续现场勘查环节，收齐相关资料。如用户在现场勘查时不能补齐相关资料，可终止业务流程。

第九十三条　方案答复环节仅包括现场勘查。

工作时限：低压 1 个工作日，高压 2 个工作日；对有特殊要求的用户，按照与用户约定的时间完成。

工作人员与用户按照预约时间开展现场勘查，应重点核实用电地址、用电类别、供电点等，确认已停止现场全部用电容量的使用，填写现场勘查单，或者在移动作业终端上录入相关信息。用户现场如存在违约用电、窃电嫌疑等异常情况，勘查人员应做好记录，及时将有关情况报送相关责任部门，并暂缓办理该用户用电业务。在违约用电、窃电嫌疑排查处理完毕后，重新启动业务办理流程。

（1）线上渠道。用户可通过网上国网预约现场服务时间。

（2）线下渠道。工作人员与用户确定现场服务时间并录入营销业务系统。现场勘查后经用户签字确认后流转至下一工作环节。

第九十四条　与用户解除供用电合同及其他协议。

第九十五条　工作人员根据供电方案、作业条件、工作环境及危险点等制订工作计划，填写工作票并签发；按照与用户约定时间现场拆除电能计量装置，核对装置编号，准确记录电能表示数、互感器变比、拆除时间等信息，用户在计量装拆单或移动作业终端上签字确认后，对电能计量装置拆回处置。

工作时限：低压 2 个工作日，高压 3 个工作日。

第九十六条 工作人员应一次性告知用户需配合的工作内容及注意事项，与用户约定现场工作时间。现场应对用户进线开关作封停处理，并通知协同部门人员办理分界点设备停电工作。

工作时限：与计量装拆时限并行。

第九十七条 应实施电费清算。清算环节后不可终止、调度、回退流程。

工作时限：1 个工作日。

第九十八条 业务归档包括信息归档和资料归档。信息归档由营销业务系统自动发起校核，通过后完成信息归档。

资料归档按照"谁办理、谁提供、谁负责"的原则，收集、整理并核对归档资料，纸质资料应扫描上传至营销业务系统，实现档案电子化。在营销业务系统探索实现档案资料"一键生成、一键整理、一键归档"功能。工作时限：1 个工作日。

3. 稽查要点

现场核实销户客户是否已拆除变压器及计量等相关设备，防止出现黑户或无表用电等情况。

变压器已拆除后，现场核实 T 接点及线缆是否已拆除，防止误碰出现安全事故。

现场核实销户是否为真实销户，防止客户为改系统档案出现虚假销户后新上。

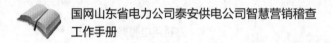

4. 典型案例

客户某锻造有限公司称其因企业破产，申请销户，现场核实后，客户已拆除计量装置及跌落开关，并称马上拆除变压器。几天后，业扩人员在业扩验收时，发现该户用同一变压器申请高压业扩新装，经落实，该户原为代理购电用户后转为市场化用户，发现转为市场化用户后，每月电费增高，后又想再转回代理购电用户，因规章制度限制无法转回，所以想通过销户新装方式改为代理购电用户，最终查出并拒绝给客户业扩新装申请。

第六节 改类业务稽查要点

《国网营销部关于印发变更用电业务规则（试行）的通知》（营销营业〔2024〕39号）

1. 总体要求

第一百一十条 用户因电力用途发生变化或根据国家电价政策变更电价类别、用电类别、两部制电价、分时电价、阶梯电价的可办理该业务，规则如下。

（一）用电类别变更。因电力用途发生变化引起电价类别、用电类别变化的可办理该业务。对于执行需量电价用户，通过换表等方式分段计算需量电费，以停（送）电日期为节点。对直接参与电力市场交易的用户，营销业务系统应向电力交易平台提供业务受理、分段计量数据等信息。用电类别变更应重签供用电合同及其他协议。

（二）基本电价计费方式变更。执行两部制电价的用户可办理该业务。基本电价计费方式包括按容量计费、按合同最大需量计费、按实际最大需量计费。最小变更周期为 3 个月，用户可选择生效月份。基本电价计费方式变更无需重签供用电合同及其他协议。

（三）需量值变更。执行两部制电价的用户选择合同最大需量计费方式的可办理该业务。用户可申请变更下一个月（抄表周期）的合同最大需量核定值。实际最大需量超过合同最大需量核定值105%的，超过部分加 1 倍计收，未超的按合同最大需量核定值计收；核定值低于运行容量 40%的，按运行容量的 40%核定。需量值变更无需重签供用电合同及其他协议。

（四）定价策略变更。选择单一制或两部制的工商业电价用户可办理该业务。运行容量大于 100 千伏安小于 315 千伏安的，可选择执行单一制或两部制电价，原则上变更周期不少于 12 个月；运行容量在 315 千伏安及以上执行单一制电价的存量工商业用户，选择执行两部制电价后，不允许改回单一制电价。定价策略变更无需重签供用电合同及其他协议。

（五）阶梯基数变更。满足属地一户多人口电价政策的居民用户可办理该业务。业务办理以住宅为单位，一个房产证对应的住宅为一户（没有房产证的以电表为单位），户内人口数量以房产证（电表）地址对应的户口本、居住证或以政府主管部门规定的有效证明材料为准。阶梯基数变更无需重签供用电合同及其他协议。

（六）用电补助维护。列入属地享受免费电量电费补贴政策的用户可办理该业务，发放对象、标准、流程按属地相关政策执行。用电补助维护无需重

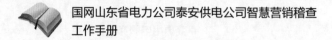
签供用电合同及其他协议。

（七）峰谷电标志周期变更。满足分时电价政策的用户可以办理业务，变更周期按属地相关政策执行。峰谷电标志周期变更无需重签供用电合同及其他协议。

基本电价计费方式变更、需量值变更、定价策略变更、阶梯基数变更、用户补助维护业务推广即办即结，业务受理后应在 1 个工作日内完成归档。

2. 改类业务流程

第一百一十一条　统一线上、线下业务办理规则，全渠道受理用户改类业务申请，推广应用"刷脸办""一证办"功能，申请资料尚在有效期的无需再次提供，对用户一并申请的多项变更用电业务办理需求应一次收资、联合办理，实现申请即进机、受理给回执。

工作时限：1 个工作日。

（1）线上受理。网上国网、95598 网站等各类线上渠道应具备改类业务受理功能，主动公示业务流程、申请资料、工作时限等信息。营销业务系统校验用户业务申请信息，通过后自动受理并生成业务申请单和回执，不通过的应提醒用户补齐缺失内容，无法补齐的可终止业务流程。

（2）线下受理。业务受理人员应履行一次性告知义务，推广应用语音、视频、图像识别等技术，自动采集、智能比对用户信息，主动应用政务平台线上调取用户业务办理资料。

推行免填单服务，由营销业务系统自动生成并打印业务申请单，由用户签字或签章确认后完成申请。对于暂时无法联网获取证照信息或申请资料暂不齐全的用户，在收到其用电主体资格证明后，受理用电申请并录入营销业务系统，业务人员在后续现场勘查环节，收齐相关资料。如用户在现场勘查时不能补齐相关资料，可终止业务流程。

第一百一十二条 对于用电类别变更的改类，包含方案答复环节，包括现场勘查、拟订供电方案、答复供电方案 3 项工作。对于基本电价计费方式变更、需量值变更、定价策略变更、阶梯基数变更、用户补助维护、峰谷电标志周期变更的改类无方案答复环节。

工作时限：从业务受理环节开始，至正式答复供电方案，低压 3 个工作日，高压单电源 10 个工作日，高压多电源 20 个工作日。

（1）现场勘查。工作人员与用户按照预约时间开展现场勘查，重点核实用电类别变更情况，填写现场勘查单，或者在移动作业终端上录入相关信息。用户现场如存在违约用电、窃电嫌疑等异常情况，工作人员应做好记录，及时将有关情况报送相关责任部门，并暂缓办理该用户用电业务。在违约用电、窃电嫌疑排查处理完毕后，重新启动业务办理流程。

（2）拟订供电方案。工作人员应结合用户业务办理需求和现场情况，合理确定供电方案基本内容：

1）基本信息，包括但不限于用户名称、用电地址、行业分类、用电容量、负荷性质等用电信息及联系人、联系方式等其他信息。

2）接入系统方案，包括但不限于供电电源、供电电压、供电线路、供电容量、产权分界点及接入设备等。

3）受电系统方案，包括但不限于受电点建设方案、无功补偿标准及配置、

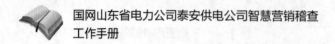
自备应急电源及非电性质应急安全保护措施配置要求、电能质量要求等。

4）计量计费方案，包括但不限于计量点设置、电能表类型、远程采集、精度要求等计量方案及定价策略、电价类别、峰谷标志、功率因数标准等计费方案。

对定比定量等未装表计量的用户，按照"控增量、去存量"原则，在服务用户业务办理过程中，制订装表方案，推进实现电能计量装置应装尽装。

（3）答复供电方案。

1）线上渠道。用户可通过网上国网预约现场服务时间。工作人员将供电方案上传至营销业务系统，营销业务系统自动生成供电方案答复单，通过网上国网一次性答复用户。用户确认后流转至下一工作环节。

2）线下渠道。工作人员与用户确定现场服务时间并录入营销业务系统。现场勘查后制订供电方案，以供电方案答复单形式一次性答复用户，经用户签字确认后流转至下一工作环节。

第一百一十三条　仅用电类别变更的改类业务涉及此环节。对需要变更的供用电合同及其他协议文本内容，由供用电双方协商一致后确定，经双方法定代表人、企业负责人或授权委托人签章后生效。推广应用合同结构化填写、自动化生成、电子化签章功能，线上签订供用电合同及其他协议。

此环节需在计量装拆前完成。

第一百一十四条　工作人员根据供电方案、作业条件、工作环境及危险点等制订工作计划，填写工作票并签发；按照与用户约定时间现场装拆电能计量装置，核对装置编号，准确记录电能表示数、互感器变比、装拆时间等信息，用户在计量装拆单或移动作业终端上签字确认后，对电能计量装置加封并记录封印编号。

工作时限：低压2个工作日，高压3个工作日。

第一百一十五条 试算通过的自动流转至下一工作环节，试算异常的应复核用户用电类别、电价类别、电能表示数等信息，并将工单调度或回退至相关环节处理，直至试算通过。

工作时限：1个工作日。

第一百一十六条 业务归档包括信息归档和资料归档。

信息归档由营销业务系统自动发起校核，通过后完成信息归档。资料归档按照"谁办理、谁提供、谁负责"的原则，收集、整理并核对归档资料，纸质资料应扫描上传至营销业务系统，实现档案电子化。在营销业务系统探索实现档案资料"一键生成、一键整理、一键归档"功能。工作时限：1个工作日。

3. 稽查要点

改类工单涉及电价变更必须现场核实现场用电设备与变更后电价相一致。

改类工单涉及行业变更必须现场核实现场用电设备性质与变更后行业相一致。

针对定比、定量客户，必须现场核实现场用电设备情况及用电量是否与定比、定量值相吻合。

改类工单涉及计量点等其他变更，需现场核实的必须核实准确。

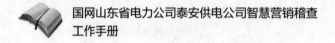

国网山东省电力公司泰安供电公司智慧营销稽查
工作手册

4. 典型案例

客户某锻造有限公司称因企业破产将变压器及户头一并变卖给红喜畜牧养殖有限公司，特申请改类修改为农业养殖电价。经现场核实，客户现场仍为瑞航锻造有限公司用电，用电性质仍为锻造行业，并无养殖设备用电，客户想通过养殖修改电价，达到减少电费支出的目的，最终对该用户改类申请予以拒绝。

第七节 移表业务稽查要点

《国网营销部关于印发变更用电业务规则（试行）的通知》（营销营业〔2024〕39号）

1. 总体要求

第四十二条 用户因修缮房屋或其他原因需要移动电能计量装置安装位置的可办理该业务，规则如下。

（一）用户申请办理移表业务，应满足用电地址、用电容量、用电类别、供电点等不变的条件。

（二）在移动电能计量装置前用户应停止全部用电容量；对有受电工程的高压用户需进行竣工检验。

（三）移表引起的产权分界点用户侧工程费用由用户负担。

（四）移表无需重签供用电合同及其他协议。

（五）私自移动电能计量装置安装位置的，按《供电营业规则》第一百零

142

一条第四项处理。

2. 移表业务流程

第四十三条 统一线上、线下业务办理规则，全渠道受理用户业务申请，推广应用"刷脸办""一证办"功能，申请资料尚在有效期的无需再次提供，对用户一并申请的多项变更用电业务办理需求应一次收资、联合办理，实现申请即进机、受理给回执。

工作时限：1 个工作日。

（1）线上受理。网上国网、95598 网站等各类线上渠道应具备变更用电业务受理功能，主动公示业务流程、申请资料、工作时限等信息。营销业务系统校验用户业务申请信息，通过后自动受理并生成业务申请单和回执，不通过的应提醒用户补齐缺失内容，无法补齐的可终止业务流程。

（2）线下受理。业务受理人员应履行一次性告知义务，推广应用语音、视频、图像识别等技术，自动采集、智能比对用户信息，主动应用政务平台线上调取用户业务办理资料。

推行免填单服务，由营销业务系统自动生成并打印业务申请单，由用户签字或签章确认后完成申请。对于暂时无法联网获取证照信息或申请资料暂不齐全的用户，在收到其用电主体资格证明后，受理用电申请并录入营销业务系统，业务人员在后续现场勘查环节，收齐相关资料。如用户在现场勘查时不能补齐相关资料，可终止业务流程。

第四十四条 方案答复环节仅包括现场勘查。

工作时限：低压 1 个工作日，高压 2 个工作日；对有特殊要求的用户，

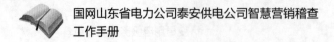
按照与用户约定的时间完成。

工作人员与用户按照预约时间开展现场勘查，应重点核实用电地址、用电容量、用电类别、供电点等，确认移表位置，填写现场勘查单，或在移动作业终端录入相关信息。用户现场如存在违约用电、窃电嫌疑等异常情况，工作人员应做好记录，及时将有关情况报送相关责任部门，并暂缓办理该用户用电业务。在违约用电、窃电嫌疑排查处理完毕后，重新启动业务办理流程。现场具备直接移表条件的，应采用"一岗制"作业模式，当场完成移表工作。

（1）线上渠道。用户可通过网上国网预约现场服务时间。

（2）线下渠道。工作人员与用户确定现场服务时间并录入营销业务系统。现场勘查后经用户签字确认后流转至下一工作环节。

第四十五条 对高压用户受电工程的涉网部分需开展竣工检验，对其他用户无需此环节。

工作时限：单次不超过 3 个工作日。检验内容：

（1）确保检验资料的完整性和有效性，根据国家、电力行业相关政策要求、技术标准和用户工程竣工报告，对受电工程涉网部分进行全面检验。

（2）电源接入方式、受电容量、电气主接线、运行方式、无功补偿、自备电源、计量配置、保护配置等应符合供电方案；电气设备应符合国家的政策法规；试验项目应齐全、结论应合格；电能计量装置配置和接线应符合计量规程要求，电能信息采集等装置应配置齐全、符合技术规范要求。

（3）冲击负荷、非对称负荷及谐波源设备应采取有效的治理措施。

（4）双（多）路电源闭锁装置应可靠，备用电源管理应完善、单独接地、投切装置应符合要求。

（5）用户应当按照国家和行业标准配置自备应急电源，采取非电性质应急安全保护措施。自备应急电源容量至少应满足全部保安负荷正常启动和带载运行的要求，非电性质应急安全保护措施及应急预案应完整有效。

对有受电工程的高压非重要电力用户（居民住宅小区除外），设计单位资质证明材料和受电工程设计及说明书、施工及试验单位资质证明材料、涉及电网安全的隐蔽工程施工工艺及试验记录等可在该环节合并提供。

（1）线上渠道。用户可通过网上国网提交竣工检验申请、预约检验时间、上传检验材料。营销业务系统自动生成竣工检验登记表，工作人员按约定时间现场组织开展竣工检验。

检验完成后通过网上国网将检验意见一次性答复用户。探索推广"云检验"服务，用户通过网上国网上传现场图片和视频，提升竣工检验一次通过率。

（2）线下渠道。工作人员与用户约定检验时间、收集检验材料。营销业务系统自动生成竣工检验登记表，工作人员按约定时间到现场组织开展竣工检验。检验完成后将检验意见一次性答复用户。

第四十六条　工作人员根据供电方案、作业条件、工作环境及危险点等制订工作计划，填写工作票并签发；按照与用户约定时间现场装拆电能计量装置，核对装置编号，准确记录电能表示数、互感器变比、装拆时间等信息，用户在计量装拆单或移动作业终端上签字确认后，对电能计量装置加封并记

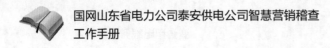

录封印编号。

工作时限：低压2个工作日，高压3个工作日。

第四十七条 工作人员应一次性告知用户需配合的工作内容及注意事项，与用户约定现场工作时间。现场确认设备状态后，准确记录现场电能表示数，指导用户对受电设备开展封停或送电工作，并由用户在工作单或移动作业终端签字确认。送电工作开始前，工作人员还应对用户更换或启用的受电设备进行检验，合格后启封送电。

工作时限：与计量装拆环节并行。

第四十八条 业务归档包括信息归档和资料归档。信息归档由营销业务系统自动发起校核，通过后完成信息归档。

资料归档按照"谁办理、谁提供、谁负责"的原则，收集、整理并核对归档资料，纸质资料应扫描上传至营销业务系统，实现档案电子化。在营销业务系统探索实现档案资料"一键生成、一键整理、一键归档"功能。工作时限：1个工作日。

3. 稽查要点

核对移表用户用地地址、用电容量、用电类别、供电点是否发生了变化。

核实是否为客户自行移表，核对移表后接线是否正确，是否存在违约用电行为。

4. 典型案例

客户张三因房屋搬迁，需移表至新房屋处，特提出移表申请，待工作人员现场移表时，发现客户因新房屋需装修用电，已私自将表计自行移动至新房屋处。工作人员立即对该户私自迁移、更动和擅自操作供电企业的用电计量装置，追缴其违约用电责任。

第八节 暂换业务稽查要点

《国网营销部关于印发变更用电业务规则（试行）的通知》（营销营业〔2024〕39 号）

1. 总体要求

第二十二条 用户因受电设备故障或计划检修，暂无同容量受电设备替代，需要临时更换其他容量受电设备的可办理该业务，规则如下。

（一）必须在原受电地点内整台暂换受电设备。

（二）暂换受电设备的使用时间：10（6、20）千伏及以下的不得超过 2 个月（本月 T 日到次月的 $T-1$ 日为一月），35 千伏及以上的不得超过 3 个月，业务到期前应通过电话、短信等方式通知用户办理暂换恢复，逾期不办理恢复手续的可以中止供电。

（三）暂换/恢复后的受电设备经检验合格后方可投入运行。自受电设备送电之日起按暂换/恢复后的容量执行相应电价政策。

（四）暂换/恢复无需重签供用电合同及其他协议。

2. 暂换业务流程

第二十三条 统一线上、线下业务办理规则，全渠道受理用户业务申请，推广应用"刷脸办""一证办"功能，申请资料尚在有效期的无需再次提供，

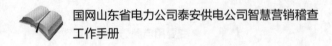
对用户一并申请的多项变更用电业务办理需求应一次收资、联合办理，实现申请即进机、受理给回执。

工作时限：1 个工作日。

（1）线上受理。网上国网、95598 网站等各类线上渠道应具备变更用电业务受理功能，主动公示业务流程、申请资料、工作时限等信息。营销业务系统校验用户业务申请信息，通过后自动受理并生成业务申请单和回执，不通过的应提醒用户补齐缺失内容，无法补齐的可终止业务流程。

（2）线下受理。业务受理人员应履行一次性告知义务，推广应用语音、视频、图像识别等技术，自动采集、智能比对用户信息，主动应用政务平台线上调取用户业务办理资料。

推行免填单服务，由营销业务系统自动生成并打印业务申请单，由用户签字或签章确认后完成申请。对于暂时无法联网获取证照信息或申请资料暂不齐全的用户，在收到其用电主体资格证明后，受理用电申请并录入营销业务系统，业务人员在后续现场勘查环节，收齐相关资料。如用户在现场勘查时不能补齐相关资料，可终止业务流程。

第二十四条　方案答复环节包括现场勘查、拟订供电方案、答复供电方案 3 项工作。

工作时限：从业务受理环节开始，至正式答复供电方案，低压 3 个工作日，高压单电源 10 个工作日，高压多电源 20 个工作日。

（1）现场勘查。工作人员与用户按照预约时间开展现场勘查，应重点核实用电地址、用电类别、供电点等，确认暂换设备容量，填写现场勘查单，或在移动作业终端录入相关信息。用户现场如存在违约用电、窃电嫌疑等异常情况，工作人员应做好记录，及时将有关情况报送相关责任部门，并暂缓办理该户用电业务。在违约用电、窃电嫌疑排查处理完毕后，重新启动业务办理流程。

（2）拟订供电方案。工作人员应结合用户业务办理需求和现场勘查情况，合理确定供电方案基本内容：

1）基本信息，包括但不限于用户名称、用电地址、行业分类、用电容量、负荷性质等用电信息及联系人、联系方式等其他信息。

2）接入系统方案，包括但不限于供电电源、供电电压、供电线路、供电容量、产权分界点及接入设备等。

3）受电系统方案，包括但不限于受电点建设方案、无功补偿标准及配置、自备应急电源及非电性质应急安全保护措施配置要求、电能质量要求等。

4）计量计费方案，包括但不限于计量点设置、电能表类型、远程采集、精度要求等计量方案及定价策略、电价类别、峰谷标志、功率因数标准等计费方案。

对定比定量等未装表计量的用户，按照"控增量、去存量"原则，在服务用户业务办理过程中，制定装表方案，推进实现电能计量装置应装尽装。

（3）答复供电方案。

1）线上渠道。用户可通过网上国网预约现场服务时间。工作人员将供电方案上传至营销业务系统，营销业务系统自动生成供电方案答复单，通过网上国网一次性答复用户。用户确认后流转至下一工作环节。

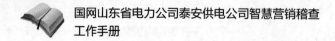

2）线下渠道。工作人员与用户确定现场服务时间并录入营销业务系统。现场勘查后制定供电方案，以供电方案答复单形式一次性答复用户，经用户签字确认后流转至下一工作环节。

第二十五条　对有受电工程的高压重要电力用户、居民住宅小区需开展设计审查，对其他用户无需此环节。

工作时限：单次不超过 3 个工作日。

审查内容：

（1）确保资料的完整性和有效性，根据供电方案、《供电营业规则》有关规定和国家、电力行业有关标准，审查设计单位资质证明材料、受电工程设计及说明书。

（2）主要电气设备技术参数、主接线方式、运行方式、线缆规格等应满足供电方案要求；通信、继电保护及安全自动装置设置应符合有关规程；电能计量和电能信息采集装置的配置应符合国家、电力行业电能计量装置技术管理规程、国家电网公司电能计量装置以及电能信息采集系统相关技术标准。

（3）对重要电力用户还应审查供电电源配置、自备应急电源及非电性质应急安全保护措施、涉网安全自动装置、多电源闭锁装置应满足有关规程、规定的要求。

用户如需变更审查后的设计文件，应将变更后的设计文件重新送审。鼓励应用图像、文字自动识别技术，探索实现设计材料的自动审核功能。

（1）线上渠道。用户可通过网上国网提交设计审查申请、预约审查时间、上传审查材料。营销业务系统自动生成设计审查登记表，工作人员按约定时间组织开展设计审查。审查完成后通过网上国网将审查意见一次性答复用户。

（2）线下渠道。工作人员与用户约定审查时间、收集审查材料。营销业务系统自动生成设计审查登记表，工作人员按约定时间组织开展设计审查。审查完成后将审查意见一次性答复用户。

第二十六条 对有受电工程的高压重要电力用户、居民住宅小区需开展中间检查，对其他用户无需此环节。

工作时限：单次不超过 2 个工作日。

检查内容：根据审核同意的设计文件、《供电营业规则》有关规定和国家、电力行业有关标准，重点检查受电工程施工及试验单位资质证明材料、涉及电网安全的隐蔽工程施工工艺及试验记录，确保检查资料的完整性和有效性。

（1）线上渠道。用户可通过网上国网提交中间检查申请、预约检查时间、上传检查材料。营销业务系统自动生成中间检查登记表，工作人员按约定时间到现场组织开展中间检查。检查完成后通过网上国网将检查意见一次性答复用户。

（2）线下渠道。工作人员与用户约定检查时间、收集检查材料。营销业务系统自动生成中间检查登记表，工作人员按约定时间到现场组织开展中间检查。检查完成后将检查意见一次性答复用户。

第二十七条 对高压用户受电工程的涉网部分需开展竣工检验。

工作时限：单次不超过 3 个工作日。

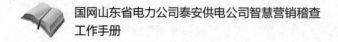
检验内容：

（1）确保检验资料的完整性和有效性，根据国家、电力行业相关政策要求、技术标准和用户工程竣工报告，对受电工程涉网部分进行全面检验。

（2）电源接入方式、受电容量、电气主接线、运行方式、无功补偿、自备电源、计量配置、保护配置等应符合供电方案；电气设备应符合国家的政策法规；试验项目应齐全、结论应合格；电能计量装置配置和接线应符合计量规程要求，电能信息采集等装置应配置齐全、符合技术规范要求。

（3）冲击负荷、非对称负荷及谐波源设备应采取有效的治理措施。

（4）双（多）路电源闭锁装置应可靠，备用电源管理应完善、单独接地、投切装置应符合要求。

（5）用户应当按照国家和行业标准配置自备应急电源，采取非电性质应急安全保护措施。自备应急电源容量至少应满足全部保安负荷正常启动和带载运行的要求，非电性质应急安全保护措施及应急预案应完整有效。

对有受电工程的高压非重要电力用户（居民住宅小区除外），设计单位资质证明材料和受电工程设计及说明书、施工及试验单位资质证明材料、涉及电网安全的隐蔽工程施工工艺及试验记录等可在该环节合并提供。

（1）线上渠道。用户可通过网上国网提交竣工检验申请、预约检验时间、上传检验材料。营销业务系统自动生成竣工检验登记表，工作人员按约定时间现场组织开展竣工检验。

检验完成后通过网上国网将检验意见一次性答复用户。探索推广"云检验"服务，用户通过网上国网上传现场图片和视频，提升竣工检验一次通过率。

（2）线下渠道。工作人员与用户约定检验时间、收集检验材料。营销业务系统自动生成竣工检验登记表，工作人员按约定时间到现场组织开展竣工检验。检验完成后将检验意见一次性答复用户。

第二十八条 工作人员根据供电方案、作业条件、工作环境及危险点等制订工作计划，填写工作票并签发；按照与用户约定时间现场装拆电能计量装置，核对装置编号，准确记录电能表示数、互感器变比、装拆时间等信息，用户在计量装拆单或移动作业终端上签字确认后，对电能计量装置加封并记录封印编号。

工作时限：低压 2 个工作日，高压 3 个工作日。

第二十九条 工作人员应一次性告知用户需配合的工作内容及注意事项，与用户约定现场工作时间。现场确认设备状态后，准确记录现场电能表示数，指导用户对受电设备开展封停或送电工作，并由用户在工作单或移动作业终端签字确认。送电工作开始前，工作人员还应对用户更换或启用的受电设备进行检验，合格后启封送电。

工作时限：与计量装拆环节并行。

第三十条 试算通过的自动流转至下一工作环节，试算异常的应复核用户用电类别、电价类别、电能表示数等信息，并将工单调度或回退至相关环节处理，直至试算通过。

工作时限：1 个工作日。

第三十一条 业务归档包括信息归档和资料归档。信息归档由营销业务系统自动发起校核，通过后完成信息归档。资料归档按照"谁办理、谁提供、谁负责"的原则，收集、整理并核对归档资料，纸质资料应扫描上传至营销业务系统，实现档案电子化。在营销业务系统探索实现档案资料"一键生成、一键整理、一键归档"功能。

工作时限：1个工作日。

3. 稽查要点

现场核实暂换的变压器是否在原受电点。

暂换的变压器容量需经过现场变压器容量测试，查看是否与铭牌容量一致。

暂换日期到期后，应进行现场核实，是否办理相关手续，未办理手续可中止供电。

4. 典型案例

客户某锻造有限公司因变压器故障无相同容量变压器替代，特申请暂换，暂换流程流转时，发现客户现场未在原受电点暂换变压器，且未经过检验合格，遂进行了处理。

第九节 迁址业务稽查要点

《国网营销部关于印发变更用电业务规则（试行）的通知》（营销营业〔2024〕39号）

1. 总体要求

第三十二条 用户迁移受电设备用电地址的可办理该业务，规则如下。

（一）用户申请办理迁址业务，应满足供电点、用电容量、用电类别等不变的条件。（公网供电的高压用户供电点是指为该户供电的同电压等级的供电线路，专线用户供电点是指为该户供电的变电站，低压用户供电点是指为该户供电的配电变压器）

（二）迁移后的新址不在原供电点供电的，新址用电按新装办理。

（三）迁移后的新址在原供电点供电的，双（多）电源用户无需缴纳高可靠性供电费；新址用电容量超过原址用电容量的，超过部分按增容办理。

（四）迁址引起的产权分界点用户侧工程费用由用户负担。

（五）迁址应重新签订供用电合同及其他协议。

（六）私自迁移用电地址用电的，除按《供电营业规则》第一百零一条第四项处理外，自迁新址不论是否引起供电点变动，一律按新装用电办理。

2. 迁址业务流程

第三十三条 统一线上、线下业务办理规则，全渠道受理用户业务申请，推广应用"刷脸办""一证办"功能，申请资料尚在有效期的无需再次提供，对用户一并申请的多项变更用电业务办理需求应一次收资、联合办理，实现申请即进机、受理给回执。

工作时限：1个工作日。

（1）线上受理。网上国网、95598网站等各类线上渠道应具备变更用电业务受理功能，主动公示业务流程、申请资料、工作时限等信息。营销业务系统校验用户业务申请信息，通过后自动受理并生成业务申请单和回执，不通过的应提醒用户补齐缺失内容，无法补齐的可终止业务流程。

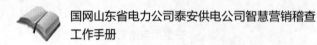
（2）线下受理。业务受理人员应履行一次性告知义务，推广应用语音、视频、图像识别等技术，自动采集、智能比对用户信息，主动应用政务平台线上调取用户业务办理资料。

推行免填单服务，由营销业务系统自动生成并打印业务申请单，由用户签字或签章确认后完成申请。对于暂时无法联网获取证照信息或申请资料暂不齐全的用户，在收到其用电主体资格证明后，受理用电申请并录入营销业务系统，业务人员在后续现场勘查环节，收齐相关资料。如用户在方案答复环节前不能补齐相关资料，可终止业务流程。

第三十四条　方案答复环节包括现场勘查、拟订供电方案、答复供电方案 3 项工作。

工作时限：从业务受理环节开始，至正式答复供电方案，低压 3 个工作日，高压单电源 10 个工作日，高压多电源 20 个工作日。

（1）现场勘查。工作人员与用户按照预约时间开展现场勘查，应重点核实供电点、用电容量、用电类别等，确认迁移地址，填写现场勘查单，或在移动作业终端录入相关信息。

用户现场如存在违约用电、窃电嫌疑等异常情况，工作人员应做好记录，及时将有关情况报送相关责任部门，并暂缓办理该用户用电业务。在违约用电、窃电嫌疑排查处理完毕后，重新启动业务办理流程。

（2）拟订供电方案。工作人员应结合用户业务办理需求和现场勘查情况，合理确定供电方案基本内容：

1）基本信息，包括但不限于用户名称、用电地址、行业分类、用电容量、负荷性质等用电信息及联系人、联系方式等其他信息。

2）接入系统方案，包括但不限于供电电源、供电电压、供电线路、供电容量、产权分界点及接入设备等。

3）受电系统方案，包括但不限于受电点建设方案、无功补偿标准及配置、自备应急电源及非电性质应急安全保护措施配置要求、电能质量要求等。

4）计量计费方案，包括但不限于计量点设置、电能表类型、远程采集、精度要求等计量方案及定价策略、电价类别、峰谷标志、功率因数标准等计费方案。

对定比定量等未装表计量的用户，按照"控增量、去存量"原则，在服务用户业务办理过程中，制订装表方案，推进实现电能计量装置应装尽装。

（3）答复供电方案。

1）线上渠道。用户可通过网上国网预约现场服务时间。工作人员将供电方案上传至营销业务系统，营销业务系统自动生成供电方案答复单，通过网上国网一次性答复用户。用户确认后流转至下一工作环节。

2）线下渠道。工作人员与用户确定现场服务时间并录入营销业务系统。现场勘查后制订供电方案，以供电方案答复单形式一次性答复用户，经用户签字确认后流转至下一工作环节。

第三十五条　对有受电工程的高压重要电力用户、居民住宅小区需开展设计审查，对其他用户无需此环节。

工作时限：单次不超过 3 个工作日。审查内容：

（1）确保资料的完整性和有效性，根据供电方案、《供电营业规则》有关

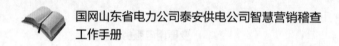
规定和国家、电力行业有关标准，审查设计单位资质证明材料、受电工程设计及说明书。

（2）主要电气设备技术参数、主接线方式、运行方式、线缆规格等应满足供电方案要求；通信、继电保护及安全自动装置设置应符合有关规程；电能计量和电能信息采集装置的配置应符合国家、电力行业电能计量装置技术管理规程、国家电网公司电能计量装置以及电能信息采集系统相关技术标准。

（3）对重要电力用户还应审查供电电源配置、自备应急电源及非电性质应急安全保护措施、涉网安全自动装置、多电源闭锁装置应满足有关规程、规定的要求。

用户如需变更审查后的设计文件，应将变更后的设计文件重新送审。鼓励应用图像、文字自动识别技术，探索实现设计材料的自动审核功能。

（1）线上渠道。用户可通过网上国网提交设计审查申请、预约审查时间、上传审查材料。营销业务系统自动生成设计审查登记表，工作人员按约定时间组织开展设计审查。审查完成后通过网上国网将审查意见一次性答复用户。

（2）线下渠道。工作人员与用户约定审查时间、收集审查材料。营销业务系统自动生成设计审查登记表，工作人员按约定时间组织开展设计审查。审查完成后将审查意见一次性答复用户。

第三十六条 对有受电工程的高压重要电力用户、居民住宅小区需开展中间检查，对其他用户无需此环节。

工作时限：单次不超过 2 个工作日。

检查内容：根据审核同意的设计文件、《供电营业规则》有关规定和国家、电力行业有关标准，重点检查受电工程施工及试验单位资质证明材料、涉及电网安全的隐蔽工程施工工艺及试验记录，确保检查资料的完整性和有效性。

（1）线上渠道。用户可通过网上国网提交中间检查申请、预约检查时间、上传检查材料。营销业务系统自动生成中间检查登记表，工作人员按约定时间到现场组织开展中间检查。检查完成后通过网上国网将检查意见一次性答复用户。

（2）线下渠道。工作人员与用户约定检查时间、收集检查材料。营销业务系统自动生成中间检查登记表，工作人员按约定时间到现场组织开展中间检查。检查完成后将检查意见一次性答复用户。

第三十七条　对高压用户受电工程的涉网部分需开展竣工检验，对其他用户无需此环节。

工作时限：单次不超过 3 个工作日。检验内容：

（1）确保检验资料的完整性和有效性，根据国家、电力行业相关政策要求、技术标准和用户工程竣工报告，对受电工程涉网部分进行全面检验。

（2）电源接入方式、受电容量、电气主接线、运行方式、无功补偿、自备电源、计量配置、保护配置等应符合供电方案；电气设备应符合国家的政策法规；试验项目应齐全、结论应合格；电能计量装置配置和接线应符合计量规程要求，电能信息采集等装置应配置齐全、符合技术规范要求。

（3）冲击负荷、非对称负荷及谐波源设备应采取有效的治理措施。

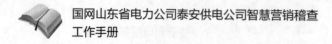

（4）双（多）路电源闭锁装置应可靠，备用电源管理应完善、单独接地、投切装置应符合要求。

（5）用户应当按照国家和行业标准配置自备应急电源，采取非电性质应急安全保护措施。自备应急电源容量至少应满足全部保安负荷正常启动和带载运行的要求，非电性质应急安全保护措施及应急预案应完整有效。

对有受电工程的高压非重要电力用户（居民住宅小区除外），设计单位资质证明材料和受电工程设计及说明书、施工及试验单位资质证明材料、涉及电网安全的隐蔽工程施工工艺及试验记录等可在该环节合并提供。

（1）线上渠道。用户可通过网上国网提交竣工检验申请、预约检验时间、上传检验材料。营销业务系统自动生成竣工检验登记表，工作人员按约定时间现场组织开展竣工检验。

检验完成后通过网上国网将检验意见一次性答复用户。探索推广"云检验"服务，用户通过网上国网上传现场图片和视频，提升竣工检验一次通过率。

（2）线下渠道。工作人员与用户约定检验时间、收集检验材料。营销业务系统自动生成竣工检验登记表，工作人员按约定时间到现场组织开展竣工检验。检验完成后将检验意见一次性答复用户。

第三十八条　对需要变更的供用电合同及其他协议文本内容，由供用电双方协商一致后确定，经双方法定代表人、企业负责人或授权委托人签章后生效。推广应用合同结构化填写、自动化生成、电子化签章功能，线上签订供用电合同及其他协议。

此环节需在计量装拆及封停送电前完成。

第三十九条 工作人员根据供电方案、作业条件、工作环境及危险点等制订工作计划，填写工作票并签发；按照与用户约定时间现场装拆电能计量装置，核对装置编号，准确记录电能表示数、互感器变比、装拆时间等信息，用户在计量装拆单或移动作业终端上签字确认后，对电能计量装置加封并记录封印编号。

工作时限：低压 2 个工作日，高压 3 个工作日。

第四十条 工作人员应一次性告知用户需配合的工作内容及注意事项，与用户约定现场工作时间。现场确认设备状态后，准确记录现场电能表示数，指导用户对受电设备开展封停或送电工作，并由用户在工作单或移动作业终端签字确认。送电工作开始前，工作人员还应对用户更换或启用的受电设备进行检验，合格后启封送电。

工作时限：与计量装拆环节并行。

第四十一条 业务归档包括信息归档和资料归档。信息归档由营销业务系统自动发起校核，通过后完成信息归档。资料归档按照"谁办理、谁提供、谁负责"的原则，收集、整理并核对归档资料，纸质资料应扫描上传至营销业务系统，实现档案电子化。在营销业务系统探索实现档案资料"一键生成、一键整理、一键归档"功能。

工作时限：1 个工作日。

3. 稽查要点

迁址后新址是否在原供电点，核实新址用电容量是否超过原址用电容量。

161

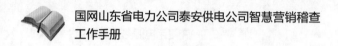

是否存在私自迁移用电地址，私自迁移、更动和擅自操作供电企业的用电计量装置、电力负荷管理装置、供电设施等违约用电行为。

4. 典型案例

客户某锻造有限公司因厂区改造，需迁移至厂区内新的地址，特申请迁址，在受理过程中，客户未告知供电企业私自迁移了供电设施，最终按违约用电进行了查处。

第十节　暂拆及复装业务稽查要点

《国网营销部关于印发变更用电业务规则（试行）的通知》（营销营业〔2024〕39号）

1. 总体要求

第四十九条　用户因修缮房屋等原因需要暂时停止用电并拆除电能计量装置的可办理该业务，规则如下。

（一）暂拆必须停止全部用电容量的使用并结清电费。

（二）受理暂拆申请后5个工作日内完成电能计量装置拆除。受理复装申请后5个工作日内完成复装接电。两部制电价用户暂拆期间不收取容（需）量电费。

（三）暂拆期限最长不得超过1年。在1年期限内的，用户暂拆原因消除后需恢复用电的，可提出复装申请。暂拆到期前应通过电话、短信等方式通知用户办理复装手续，到期未办理的可自动将期限延长至1年。暂拆期限满1年、经书面告知或公告后仍未办理复装手续的按销户处理。后续用户需用电时按新装办理。

（四）暂拆/复装无需重签供用电合同及其他协议。

2. 暂拆及复装业务流程

第五十条 统一线上、线下业务办理规则，全渠道受理用户业务申请，推广应用"刷脸办""一证办"功能，申请资料尚在有效期的无需再次提供，对用户一并申请的多项变更用电业务办理需求应一次收资、联合办理，实现申请即进机、受理给回执。

工作时限：1 个工作日。

（1）线上受理。网上国网、95598 网站等各类线上渠道应具备变更用电业务受理功能，主动公示业务流程、申请资料、工作时限等信息。营销业务系统校验用户业务申请信息，通过后自动受理并生成业务申请单和回执，不通过的应提醒用户补齐缺失内容，无法补齐的可终止业务流程。

（2）线下受理。业务受理人员应履行一次性告知义务，推广应用语音、视频、图像识别等技术，自动采集、智能比对用户信息，主动应用政务平台线上调取用户业务办理资料。

推行免填单服务，由营销业务系统自动生成并打印业务申请单，由用户签字或签章确认后完成申请。对于暂时无法联网获取证照信息或申请资料暂不齐全的用户，在收到其用电主体资格证明后，受理用电申请并录入营销业务系统，业务人员在后续现场勘查环节，收齐相关资料。如用户在现场勘查时不能补齐相关资料，可终止业务流程。

第五十一条 方案答复环节仅包括现场勘查。

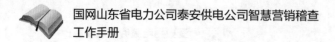

工作时限：低压 1 个工作日，高压 2 个工作日；对有特殊要求的用户，按照与用户约定的时间完成。

工作人员与用户按照预约时间开展现场勘查，应重点核实用电地址、用电容量、用电类别、供电点等，确定暂拆方案，填写现场勘查单，或在移动作业终端录入相关信息。用户现场如存在违约用电、窃电嫌疑等异常情况，工作人员应做好记录，及时将有关情况报送相关责任部门，并暂缓办理该用户用电业务。在违约用电、窃电嫌疑排查处理完毕后，重新启动业务办理流程。现场具备直接移表条件的，应采用"一岗制"作业模式，当场完成暂拆工作。

（1）线上渠道。用户可通过网上国网预约现场服务时间。

（2）线下渠道。工作人员与用户确定现场服务时间并录入营销业务系统。

第五十二条 工作人员根据供电方案、作业条件、工作环境及危险点等制订工作计划，填写工作票并签发；按照与用户约定时间现场装拆电能计量装置，核对装置编号，准确记录电能表示数、互感器变比、装拆时间等信息，用户在计量装拆单或移动作业终端上签字确认后，对电能计量装置加封并记录封印编号。

工作时限：低压 2 个工作日，高压 3 个工作日。

第五十三条 工作人员应一次性告知用户需配合的工作内容及注意事项，与用户约定现场工作时间。现场确认设备状态后，准确记录现场电能表示数，指导用户对受电设备开展封停或送电工作，并由用户在工作单或移动作业终端签字确认。送电工作开始前，工作人员还应对用户更换或启用的受电设备进行检验，合格后启封送电。

工作时限：与计量装拆环节并行。

第五十四条 业务归档包括信息归档和资料归档。信息归档由营销业务系统自动发起校核，通过后完成信息归档。

资料归档按照"谁办理、谁提供、谁负责"的原则，收集、整理并核对归档资料，纸质资料应扫描上传至营销业务系统，实现档案电子化。在营销业务系统探索实现档案资料"一键生成、一键整理、一键归档"功能。工作时限：1个工作日。

3. 稽查要点

稽查暂拆用户私自用电是否存在窃电行为。

暂拆时间是否到期，到期后是否办理了复装接电手续。

4. 典型案例

客户某锻造有限公司因暂时停产，特申请暂拆。供电企业对其用户暂停并拆除计量后，客户在未告知供电企业的情况下，私自送电，属无表用电窃电行为，立即对客户进行了窃电查处。

第十一节　改压业务稽查要点

《国网营销部关于印发变更用电业务规则（试行）的通知》（营销营业〔2024〕39号）

1. 总体要求

第九十九条 用户因需求发生变化等原因需要改变供电电压等级的可办

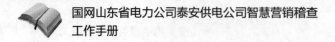
理该业务，规则如下。

（一）改变电压等级后超过原容量的，超出部分按增容办理。

（二）改压后按新的电压等级执行相应电价政策。

（三）改压引起的用户产权范围内工程费用由用户负担。

（四）由于供电企业的原因引起用户供电电压等级变化的，改压引起的用户产权范围外工程费用由供电企业负担；非供电企业原因引起用户供电电压等级变化的，改压引起的用户产权范围外工程费用按照当地投资政策确定费用投资主体。

（五）对直接参与电力市场交易的用户，营销业务系统应向电力交易平台提供业务受理、分段计量数据等信息。

（六）改压应重新签订供用电合同及其他协议。

2. 改压业务流程

第一百条　统一线上、线下业务办理规则，全渠道受理用户改压业务申请，推广应用"刷脸办""一证办"功能，申请资料尚在有效期的无需再次提供，对用户一并申请的多项变更用电业务办理需求应一次收资、联合办理，实现申请即进机、受理给回执。

工作时限：1个工作日。

（1）线上受理。网上国网、95598 网站等各类线上渠道应具备改压业务受理功能，主动公示业务流程、申请资料、工作时限等信息。营销业务系统校验用户业务申请信息，通过后自动受理并生成业务申请单和回执，不通过的应提醒用户补齐缺失内容，无法补齐的可终止业务流程。

（2）线下受理。业务受理人员应履行一次性告知义务，推广应用语音、视频、图像识别等技术，自动采集、智能比对用户信息，主动应用政务平台线上调取用户业务办理资料。

推行免填单服务，由营销业务系统自动生成并打印业务申请单，由用户签字或签章确认后完成申请。对于暂时无法联网获取证照信息或申请资料暂不齐全的用户，在收到其用电主体资格证明后，受理用电申请并录入营销业务系统，业务人员在后续现场勘查环节，收齐相关资料。如用户在现场勘查时不能补齐相关资料，可终止业务流程。

第一百〇一条 方案答复环节包括现场勘查、拟订供电方案、答复供电方案 3 项工作。

工作时限：从业务受理环节开始，至正式答复供电方案，低压 3 个工作日，高压单电源 10 个工作日，高压多电源 20 个工作日。

（1）现场勘查。工作人员与用户按照预约时间开展现场勘查，应重点核实用电地址、用电类别、用电容量等，确认供电点，填写现场勘查单，或者在移动作业终端上录入相关信息。用户现场如存在违约用电、窃电嫌疑等异常情况，工作人员应做好记录，及时将有关情况报送相关责任部门，并暂缓办理该用户用电业务。在违约用电、窃电嫌疑排查处理完毕后，重新启动业务办理流程。

（2）拟订供电方案。工作人员应结合用户业务办理需求和现场勘查情况，合理确定供电方案基本内容：

1）基本信息，包括但不限于用户名称、用电地址、行业分类、用电容量、

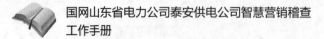

负荷性质等用电信息及联系人、联系方式等其他信息。

2）接入系统方案，包括但不限于供电电源、供电电压、供电线路、供电容量、产权分界点及接入设备等。

3）受电系统方案，包括但不限于受电点建设方案、无功补偿标准及配置、自备应急电源及非电性质应急安全保护措施配置要求、电能质量要求等。

4）计量计费方案，包括但不限于计量点设置、电能表类型、远程采集、精度要求等计量方案及定价策略、电价类别、峰谷标志、功率因数标准等计费方案。

对定比定量等未装表计量的用户，按照"控增量、去存量"原则，在服务用户业务办理过程中，制订装表方案，推进实现电能计量装置应装尽装。

（3）答复供电方案。

1）线上渠道。用户可通过网上国网预约现场服务时间。工作人员将供电方案上传至营销业务系统，营销业务系统自动生成供电方案答复单，通过网上国网一次性答复用户。用户确认后流转至下一工作环节。

2）线下渠道。工作人员与用户确定现场服务时间并录入营销业务系统。现场勘查后制订供电方案，以供电方案答复单形式一次性答复用户，经用户签字确认后流转至下一工作环节。

第一百〇二条　对有受电工程的高压重要电力用户、居民住宅小区需开展设计审查，对其他用户无需此环节。

工作时限：单次不超过 3 个工作日。

审查内容：

（1）确保资料的完整性和有效性，根据供电方案、《供电营业规则》有关规定和国家、电力行业有关标准，审查设计单位资质证明材料、受电工程设计及说明书。

（2）主要电气设备技术参数、主接线方式、运行方式、线缆规格等应满足供电方案要求；通信、继电保护及安全自动装置设置应符合有关规程；电能计量和电能信息采集装置的配置应符合国家、电力行业电能计量装置技术管理规程、国家电网公司电能计量装置以及电能信息采集系统相关技术标准。

（3）对重要电力用户还应审查供电电源配置、自备应急电源及非电性质应急安全保护措施、涉网安全自动装置、多电源闭锁装置应满足有关规程、规定的要求。

用户如需变更审查后的设计文件，应将变更后的设计文件重新送审。鼓励应用图像、文字自动识别技术，探索实现设计材料的自动审核功能。

（1）线上渠道。用户可通过网上国网提交设计审查申请、预约审查时间、上传审查材料。营销业务系统自动生成设计审查登记表，工作人员按约定时间组织开展设计审查。审查完成后通过网上国网将审查意见一次性答复用户。

（2）线下渠道。工作人员与用户约定审查时间、收集审查材料。营销业务系统自动生成设计审查登记表，工作人员按约定时间组织开展设计审查。审查完成后将审查意见一次性答复用户。

第一百〇三条 对有受电工程的高压重要电力用户、居民住宅小区需开展中间检查，对其他用户无需此环节。

工作时限：单次不超过 2 个工作日。

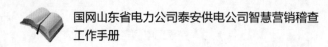

检查内容：根据审核同意的设计文件、《供电营业规则》有关规定和国家、电力行业有关标准，重点检查受电工程施工及试验单位资质证明材料、涉及电网安全的隐蔽工程施工工艺及试验记录，确保检查资料的完整性和有效性。

（1）线上渠道。用户可通过网上国网提交中间检查申请、预约检查时间、上传检查材料。营销业务系统自动生成中间检查登记表，工作人员按约定时间到现场组织开展中间检查。检查完成后通过网上国网将检查意见一次性答复用户。

（2）线下渠道。工作人员与用户约定检查时间、收集检查材料。营销业务系统自动生成中间检查登记表，工作人员按约定时间到现场组织开展中间检查。检查完成后将检查意见一次性答复用户。

第一百〇四条 对高压用户受电工程的涉网部分需开展竣工检验，对其他用户无需此环节。

工作时限：单次不超过 3 个工作日。

检验内容：

（1）确保检验资料的完整性和有效性，根据国家、电力行业相关政策要求、技术标准和用户工程竣工报告，对受电工程涉网部分进行全面检验。

（2）电源接入方式、受电容量、电气主接线、运行方式、无功补偿、自备电源、计量配置、保护配置等应符合供电方案；电气设备应符合国家的政策法规；试验项目应齐全、结论应合格；电能计量装置配置和接线应符合计量规程要求，电能信息采集等装置应配置齐全、符合技术规范要求。

（3）冲击负荷、非对称负荷及谐波源设备应采取有效的治理措施。

（4）双（多）路电源闭锁装置应可靠，备用电源管理应完善、单独接地、投切装置应符合要求。

（5）用户应当按照国家和行业标准配置自备应急电源，采取非电性质应急安全保护措施。自备应急电源容量至少应满足全部保安负荷正常启动和带载运行的要求，非电性质应急安全保护措施及应急预案应完整有效。

对有受电工程的高压非重要电力用户（居民住宅小区除外），设计单位资质证明材料和受电工程设计及说明书、施工及试验单位资质证明材料、涉及电网安全的隐蔽工程施工工艺及试验记录等可在该环节合并提供。

（1）线上渠道。用户可通过网上国网提交竣工检验申请、预约检验时间、上传检验材料。营销业务系统自动生成竣工检验登记表，工作人员按约定时间现场组织开展竣工检验。

检验完成后通过网上国网将检验意见一次性答复用户。探索推广"云检验"服务，用户通过网上国网上传现场图片和视频，提升竣工检验一次通过率。

（2）线下渠道。工作人员与用户约定检验时间、收集检验材料。营销业务系统自动生成竣工检验登记表，工作人员按约定时间到现场组织开展竣工检验。检验完成后将检验意见一次性答复用户。

第一百〇五条 对需要变更的供用电合同及其他协议文本内容，由供用电双方协商一致后确定，经双方法定代表人、企业负责人或授权委托人签章后生效。推广应用合同结构化填写、自动化生成、电子化签章功能，线上签

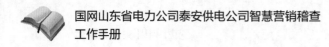

订供用电合同及其他协议。

此环节需在计量装拆及封停送电前完成。

第一百〇六条 工作人员根据供电方案、作业条件、工作环境及危险点等制订工作计划，填写工作票并签发；按照与用户约定时间现场装拆电能计量装置，核对装置编号，准确记录电能表示数、互感器变比、装拆时间等信息，用户在计量装拆单或移动作业终端上签字确认后，对电能计量装置加封并记录封印编号。

工作时限：低压2个工作日，高压3个工作日。

第一百〇七条 工作人员应一次性告知用户需配合的工作内容及注意事项，与用户约定现场工作时间。现场确认设备状态后，准确记录现场电能表示数，指导用户对受电设备开展封停或送电工作，并由用户在工作单或移动作业终端签字确认。送电工作开始前，工作人员还应对用户更换或启用的受电设备进行检验，合格后启封送电。

工作时限：与计量装拆环节并行。

第一百〇八条 试算通过的自动流转至下一工作环节，试算异常的应复核用户用电类别、电价类别、电能表示数等信息，并将工单调度或回退至相关环节处理，直至试算通过。

工作时限：1个工作日。

第一百〇九条 业务归档包括信息归档和资料归档。信息归档由营销业务系统自动发起校核，通过后完成信息归档。资料归档按照"谁办理、谁提供、谁负责"的原则，收集、整理并核对归档资料，纸质资料应扫描上传至营销业务系统，实现档案电子化。在营销业务系统探索实现档案资料"一键生成、一键整理、一键归档"功能。

工作时限：1个工作日。

3. 稽查要点

核实改为高一等级电压或低一等级电压后，相关设备及计量设备是否匹配并更换到位。

4. 典型案例

客户张三为220V低压用户，因家庭安装三相空调需使用380V电压，遂申请改压，申请改为三相电，更改后，因客户原总开关定值较小，未及时更换，造成了客户家中开关烧坏。

本章节主要介绍了在减容、暂停、暂换、迁址、移表、暂拆、过户、分户、并户、销户、改压、改类等12项业务变更过程中营销稽查的要点、重点。详细介绍了12项业务变更中场景描述、流程介绍、稽查要点、典型案例，对12项业务变更中容易出现的问题进行了说明，包括现场检查业务变更时的侧重点。为下一步规范业务变更工作提供了帮助。

思考与练习

问题1：减容过程中现场核实需要注意哪些点？

答案：客户办理永久性减容，要现场对减容后变压器容量进行测试，确保现场与系统内容量对应，防止客户伪造变压器铭牌等违约用电行为。

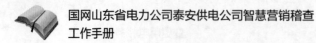

客户对多台变压器中的一台变压器进行临时性减容，要现场核实跌落开关是否已拆除，防止客户私自送电使用。

问题2：过户现场核查主要核查什么？

答案：现场核实，过户（更名）客户是否存在一址多户、是否刻意规避大工业基本电费等情况。

问题3：用户申请减容应符合哪些条件？

答案：（一）减容一般只适用于高压供电用户；

（二）用户申请减容，应提前5个工作日办理相关手续；

（三）用户提出减少用电容量的期限最短不得少于6个月，但同一历日年内暂停满六个月申请办理减容的用户减容期限不受时间限制；

（四）用户同一自然人或同一法人主体的其他用电地址不应存在欠费，如有欠费则给予提示。

问题4：受理时应特别注意以下事项：

答案：（一）用户申请暂停须在5个工作日前提出申请；

（二）暂停用电必须是整台或整组变压器停止；

（三）申请暂停用电，每次应不少于十五天，每一日历年内暂停时间累计不超过六个月，次数不受限制。暂停时间少于十五天的，则暂停期间基本电费照收；

（四）当年内暂停累计期满六个月后，如需继续停用的，可申请减容，减容期限不受限制；

（五）自设备加封之日起，暂停部分免收基本电费。如暂停后容量达不到实施两部制电价规定容量标准的，应改为相应用电类别单一制电价计费，并执行相应的电价标准；

（六）减容期满后的用户以及新装、增容用户，二年内申办暂停的，不再收取暂停部分容量百分之五十的基本电费；

（七）选择最大需量计费方式的用户暂停后，合同最大需量核定值按照暂停后总容量申报。申请暂停周期应以抄表结算周期或日历月为基本单位，起止时间应与抄表结算起止时间或整日历月一致。合同最大需量核定值在下一个抄表结算周期或日历月生效；

（八）暂停期满或每一日历年内累计暂停用电时间超过六个月的用户，不论是否申请恢复用电，供电企业须从期满之日起，恢复其原电价计费方式，并按合同约定的容量计收基本电费；

（九）用户同一自然人或同一法人主体的其他用电地址的电费交费情况正常，如有欠费则应给予提示。

第七章　非市场化客户电价稽查要点

提升电费电价精益化水平是落实国网省市公司狠抓营销精益管控，挖潜增收提质增效、精益管理的重要组成部分，目前电价分为居民生活用电、农业生产用电和工商业用电三大类。2021年11月26日为规范我省电网企业代理购电交易，维护发用电市场主体合法权益，山东省发展和改革委员办公室下发"鲁发改价格〔2021〕985号关于印发《山东省电网企业代理购电工作指南（试行）》的通知"，将工商业全部纳入市场化交易，农业生产和居民生活仍然按原电价模式进行计收。

第一节　非市场化用户执行范围及电价

1. 居民生活电价

（1）城乡居民家庭住宅内的照明及生活设备用电，执行居民用电价格。

（2）机关、部队、学校、企事业单位集体宿舍的生活用电，按照居民生活用电的非居民生活电价执行。

［依据：山东省物价局《关于明确居民住宅小区公用附属设施等用电价格政策的通知》（鲁价格一发〔2014〕17号）］

（3）城乡居民住宅小区公用附属设施用电。城乡居民家庭住宅小区内的公共场所照明、电梯、电子防盗门、电子门铃、消防、绿地、门卫、车库等非经营性用电，按照我省居民生活用电类别的非居民生活电价执行。

［依据：山东省物价局《关于明确居民住宅小区公用附属设施等用电价格政策的通知》（鲁价格一发〔2014〕17号）］

（4）社会福利场所生活用电。经县级及以上人民政府民政部门批准，由国家、社会组织和公民个人举办的，为老年人、残疾人、孤儿、弃婴提供养护、康复、托管等服务场所的生活用电。社会福利场所生活用电按照我省居民生活用电类别的非居民生活电价执行。

［依据：山东省发改委、民政厅《关于完善社会福利场所有关价格政策的通知》（鲁发改价格〔2019〕98号）］

（5）宗教场所生活用电。经县级及以上人民政府宗教事务部门登记的寺院、宫观、清真寺、教堂等宗教活动场所常住人员和外来暂住人员的生活用电，主要包括食堂、浴室、宿舍等生活场所用电。不包括举办宗教活动的场所及供游客参观、购物、餐饮等经营性场所用电。宗教场所生活用电按照我省居民生活用电的非居民生活电价执行，暂不执行居民阶梯电价。

［依据：山东省物价局、宗教事务局《关于宗教活动场所生活用电价格政策的通知》（鲁价格一发〔2014〕46号）］

（6）城乡社区居民委员会服务设施用电，指城乡居民社区居民委员会工作场所及非经营公益服务设施的用电。主要包括：居（村）民委员会（党支部）工作场所以及提供免费服务的社区服务站（中心）、警务室、图书（电子）

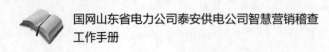

阅览室、文体活动室、市民学校（党员活动室）、室外活动广场等服务设施用电，不包括用于生产、经营等活动的服务设施。执行范围按照规定程序认定后，服务设施用电按照我省居民生活用电的非居民生活电价执行。

［依据：山东省发展和改革委员会、山东省民政厅《关于城乡社区居（村）民委员会服务设施有关价格政策的通知》（鲁价格一发〔2020〕1297号）］

（7）监狱监房生活用电价格按照我省居民生活中合表用户电价执行。

［依据：山东省物价局《关于监狱监房生活用电价格政策的通知》（鲁价格一发〔2015〕48号）］

2. 学校电价

学校教学和学生生活用电。学校的教室、图书馆、实验室、体育用房、校系行政用房等教学设施，以及学生食堂、澡堂、宿舍等学生生活设施用电。

执行居民用电价格的学校，是指经国家有关部门批准，由政府及其有关部门、社会组织和公民个人举办的公办、民办学校，包括：

（1）普通高等学校（包括大学、独立设置的学院和高等专科学校）。

（2）普通高中、成人高中和中等职业学校（包括普通中专、成人中专、职业高中、技工学校）。

（3）普通初中、职业初中、成人初中。

（4）普通小学、成人小学。

（5）幼儿园（托儿所）。

（6）特殊教育学校（对残障儿童、少年实施义务教育的机构）。不含各类经营性培训机构，如驾校、烹饪、美容美发、语言、电脑培训等。

[依据:《国家发展改革委关于调整销售电价分类结构有关问题的通知》（发改价格〔2013〕973号）]

3. 农业电价

（1）农业生产服务的灌溉及排涝的用电。是指农田排涝、灌溉、电犁、打井、打场、脱粒用电；防汛临时照明用电，黑光灯捕虫用电。

（2）农业用电：是指各种农作物的种植活动用电。包括谷物、豆类、薯类、棉花、油料、糖料、麻类、烟草、蔬菜、食用菌、园艺作物、水果、坚果、含油果、饮料和香料作物、中药材及其他农作物种植用电。

（3）林木培育和种植用电：是指林木育种和育苗、造林和更新、森林经营和管护等活动用电。其中，森林经营和管护用电是指在林木生长的不同时期进行的促进林木生长发育的活动用电。

（4）畜牧业用电：是指为了获得各种畜禽产品而从事的动物饲养活动用电。不包括专门供体育活动和休闲等活动相关的禽畜饲养用电。

（5）渔业用电：是指在内陆水域对各种水生动物进行养殖、捕捞，以及在海水中对各种水生动植物进行养殖、捕捞活动用电。不包括专门供体育活动和休闲钓鱼等活动用电以及水产品的加工用电。

（6）农产品初加工用电：是指对各种农产品（包括天然橡胶、纺织纤维原料）进行脱水、凝固、去籽、净化、分类、晒干、剥皮、初烤、沤软或大批包装以提供初级市场的用电。

[依据：国家发展改革委关于调整销售电价分类结构有关问题的通知（发改价格〔2013〕973号）]

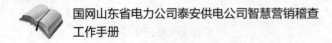
注：初级市场最低级的市场组织形式，其基本特征是：商品交易可以在任何时间、任何场所进行，也可以在固定的时间和地点进行；市场交易是自由进行的，不可能或不必要对市场交易的参与者进行限制；商品价格是供求双方经过讨价还价确定的，是随供求状况和交易者的谈判能力随时变动的市场价格；供求双方一般不会形成固定的供求联系，每一笔交易都可以看成是偶然发生的，可以称之为无组织的市场。

（7）对家庭农场、农民合作社、供销合作社、邮政快递企业、产业化龙头企业、农产品流通企业、农产品加工企业在农村建设的保鲜仓储设施用电，按照农业生产用电价格执行。其中，"农村"界定为：参照《统计上使用的县以下行政区划代码编制规则》（国统字〔2000〕64号），行政区划代码第三段编码（第10~12位，表示行政村）在"200~399"范围内的村，界定为农村。"保鲜仓储设施"界定为：具备冷藏、冷冻、保温等温度控制的恒温库、冷库。经保鲜仓储所属企业书面同意，其相关设施可继续执行"工商业及其他用电"类别电价标准及相关电价政策。该政策自2020年1月2日起执行。

［依据：山东省发展和改革委员会《关于保鲜仓储设施用电价格政策有关事项的通知》（鲁发改价格〔2020〕1035号）］

（8）特殊情况的界定。

1）集养殖、种植及加工、销售于一体的综合类企业，其原始的种植、孵化、育苗、养殖环节的用电执行农业生产电价。

2）利用动植物提取物进行化工处理的企业（如制药厂），其附带的植物种植、动物饲养、蛋类孵化等的用电不执行农业生产电价。

3）花卉养殖执行农业生产电价仅限于花卉的苗圃育苗，不包括花卉在流通环节的各类用电。花卉售卖部分用电执行工商业用电。

4）饲料加工企业（根据国民经济分类，饲料加工属加工制造业）生产用电执行一般工商业或大工业电价，执行范围包括城区、农村。

5）农场或农户用于牲畜挤奶或向容器中灌奶的用电执行农业生产电价。

6）用于农田灌溉的打井用电执行农业生产电价。

7）农户的烟叶初烤用电执行农业生产电价。

8）畜禽养殖场、养殖小区自建的畜禽粪便、污水与雨水分流设施，畜禽粪便、污水的贮存设施，粪污厌氧消化和堆沤、有机肥加工、制取沼气、沼渣沼液分离和输送、污水处理、畜禽尸体处理等综合利用和无害化处理设施用电执行农业生产电价。

［依据：国务院《畜禽规模养殖污染防治条例》（国务院令第 643 号）］

9）私人经营的秸秆等农林废弃物收集点打包、储存用电执行农业生产电价。

10）企业性质从事农业生产活动的要同时以营业执照和现场为准进行界定；个人性质从事农业生产活动的可以仅凭现场用电界定。

11）农产品初加工界定按照经营主体性质分，若经营主体为农民、农村合作社等，且其中农民、农村合作社原材料必须为自产，执行农业生产电价；若经营主体为企业，执行工商业电价。

12）农村合作社办公、物流、仓储（农村保鲜仓储除外）等均需执行一般工商业电价。

13）农科院实验室及办公场所，执行一般工商业电价。农科院附属的农业试验田、试验大棚等直接用于农产品种植、林木培育与种植、畜牧业养殖的用电执行农业生产电价。

14）宠物养殖（不含宠物商店）、流浪动物收容基地动物喂养执行农业生产电价。

15）利用锯末、农作物秸秆压缩加工生产生物质燃烧颗粒，执行工商业电价。

16）直接提水进行浇灌周边农田的扬水站执行农业生产电价，扬水站其他用电执行一般工商业电价。

第二节　非市场化用户用电特点及稽查重点

1. 用电特点

非市场化用户电价固定、不随市场价格变动、相较于市场化用户电价低。

（1）居民客户执行阶梯、分时电价，冬夏取暖制冷负荷较大用电量多。

（2）农业排灌客户季节性用电特征明显，旱季浇灌负荷大用电量多，雨季基本无浇灌负荷用电量少。

（3）学校客户白天用电负荷大用电量多，晚上负荷小用电量少，寒暑两个假期用电负荷小用电量少。

2. 稽查重点

（1）农业电价执行错误。

1）核查规则。按规定执行农业生产电价的灌溉及排涝、农业生产、林木培育和种植、畜牧业、渔业、农产品初加工等用电执行准确，对月均电量超过 1000kWh 或反季节用电的农业电价重点核查（电量阈值需要根据各网省实际情况进行调整）。

2）核查要点。

① 其他性质用电与农排用电混合，未分表计量或定比定量；

② 用户现场实际用电性质发生变化，未及时调整农排电价；

③ 用户私自搭接其他用电，属违约用电；

④ 报装时电价定位错误，后期整改定量定比核定值与实际值偏差较大；

⑤ 经济类作物错误执行农业排灌电价；

⑥ 非经济类作物、农家乐等乡村休闲娱乐类场所错误执行农业生产电价；

⑦ 贫困县农排电价执行错误；

⑧ 扶贫电价执行规范性。

3）核查方法。

① 系统查阅执行农业生产电价、农业排灌电价用户清单，全面开展在线和现场稽查。对月用电量连续 12 个月大于 500kWh 或非排灌季月用电量大于 1000kWh 的农排用户、月均用电量大于 1000kWh 的农业大电量用户，以及全量贫困县农排用户，逐户进行现场核查（阈值可根据实际情况调整）。重点核查现场是否为农业（农排）用电、是否存在转供高电价的行为、是否存在应执行定比定量而实际执行不到位或定比定量值设置不合理等问题；纯农排用户按其季节性用电习惯，重点筛查当年 10 月至次年 2 月非农排季节期间，月

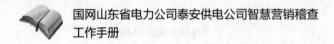

用电量相对较多的疑似异常用户（户名、户号、用电地址、电压等级、容量、抄表段、全年合计电量、分月电量）。

② 农业粮食烘干机械用电价格执行是否到位。

③ 农业龙头企业电价是否存在超范围执行情况。

④ 农村安全饮水工程用电价格执行是否正确。

⑤ 扶贫产业电价执行是否符合相关审批流程。

4）农业电价违约案例。

擅自改变用电类别

基本情况：8 月下旬连续 7 天下雨，客户每日仍有排灌电量，疑似现场用电性质与系统电价执行不一致。

核查情况：2022 年 9 月 6 日，用电稽查人员对县二苗进行用电检查，发现该户在农优线路上接用高电价设备，擅自改变用电类别用电，属于违约行为。

按照《供电营业规则》（发改令〔2024〕14 号）第一百条第一款，在电价低的供电线路上，擅自接用电价高的用电设备或私自改变用电类别的，应按实际使用日期补交其差额电费，并承担二倍差额电费的违约使用电费。

追一般工商电费

峰　1036×1.05986875=1098.02（元）

平　1064×0.72036875=766.47（元）

谷　1263×0.38086875=481.04（元）

合计　2345.53 元。

184

追补电费　3363kWh×0.54-2345.53 元=529.51（元）

违约使用电费　529.51 元×2=1059.02（元）

共计 1588.53 元。

3．学校教学和学生生活电价执行错误

（1）核查要点。

1）未经国家有关部门批准，由政府及其有关部门、社会组织和公民个人举办的公办、民办学校错误执行居民电价。

2）符合国家政策的学校电价内是否有转供非学校用电情况。

（2）核查方法。

1）系统查阅执行学校电价的用户清单，对执行学校电价的用户，1～2 月、7～8 月或其他放假月份用电量与正常开学月份用电量相比基本无变化，或用电量下降小于 50%（放假月份、下降比例可根据实际情况调整），逐户进行现场核查。重点核查现场是否为学校用电，是否存在转供高电价的行为；

2）对执行定比定量的学校电价用户，核查其定比定量计算依据，是否存在应执行定比定量而实际执行不到位或定比定量值设置不合理等问题。

第三节　非市场化客户违约现象

在电价低的供电线路上，擅自接用电价高的用电设备或私自改变用电类别。

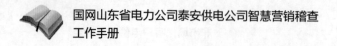

📑 **案例** 1

基本情况：2022 年 6 月 23 日稽查人员筛查居民大电量明细，发现客户徐某（3700×××5606）5 月份用电量相较于 4 月份突增 5324 千瓦时，疑似改变用地性质违约用电。

2022 年 6 月 23 日稽查人员现场检查发现，该户实际用电性质为果品蔬菜公司用电，系统执行乡村居民电价，现场用电性质与系统电价不一致，属擅自改变用电类别用电违约行为。

按照《供电营业规则》（发改令〔2024〕14 号）第一百条第一款，在电价低的供电线路上，擅自接用电价高的用电设备或私自改变用电类别的，应按实际使用日期补交其差额电费，并承担二倍差额电费的违约使用电费。

实收居民生活电费：

一档电费 2137kWh×0.5469=1168.73（元）

二档电费 2280kWh×0.5969=1360.93（元）

三档电费 921kWh×0.8469=779.99（元），合计 3309.65（元）。

应收一般工商电费：5338kWh×0.71136875=3797.29（元），应追补差额电费：3797.29 元-3309.65 元=487.64（元）。

违约使用电费 487.64 元×2=975.28（元）；共计：1462.92 元。

📑 **案例** 2

基本情况：2022 年 3 月 18 日，稽查工作人员开展周期性用电稽查工作，发现客户丁某（3700×××× 4076）私自向石料加工厂转供电，转供电负荷315kW，属于违约行为。

按照《供电营业规则》（发改令〔2024〕14 号）第一百条第六款"未经供电企业同意，擅自引入（供出）电源或将备用电源和其他电源私自并网的，除当即拆除接线外，应承担其引入（供出）或并网电源容量每 kW（kVA）500元的违约使用电费。"

应追补违约使用电费 315kW×500 元/kW=157500（元）；共计 157500 元。

第四节　查改防惩一体化的稽查模式

1. 查

营销稽查作为营销专业内部监督管控的重要手段，以问题为导向，聚焦营销服务全业务、全流程、全环节，从业扩报装、装表接电、电费抄核、计量采集、用电检查、客户服务等环节，梳理各环节稽查的风险点，对于非市场化用户在"查"的环节有 3 个做法。

（1）组建柔性团队，提升发现问题、诊断问题、解决问题能力。为适应新时代营销稽查主题多元化的特点，我们本着人尽其才的原则，在 13 个供电所营销服务人员抽调精干力量，组建 18 人的柔性专家团队，通过后台分析、现场稽查、实地讲解、远程会商等方式，帮助基层单位分析异常数据，以点带面，提高营销稽查人员技能水平，今年以来共发现异常问题 132 项，查处违约用电 12 起，追缴违约使用电费 5.23 万元。

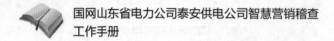
（2）落实营销数字化转型引入"RPA 数字员工"提高工作效率。工作人员通过对"RPA 数字员工"下达农排、学校用电两个关键检索词，筛查出农灌客户月用电量超过 3000 度，学校用户 7～9 月超 2000 度的客户明细，同时利用采集 2.0 系统对客户用电报表，对客户电压、电流、负荷 96 点数据进行核查，对于符合筛查项的客户做重点标注并生成报表，为工作人员提供疑似违约明细。

（3）依托 5G 传输，实现作业现场全程监控。借助营销作业管控平台，工作人员在核查异常数据前佩戴好行为记录仪，通过 5G 画面回传技术，对营销作业现场画面实时上传，达到了现场作业全程监控、违约取证真实有效，第一时间留存并上传现场第一手资料，为后续的违约使用电费的追缴提供了强有力的材料支撑。

2. 改

（1）违约处理合规合法。对现场查实转供电、高价低接、定比定量值设置不合理问题，结合现场实测用电负荷占比，及时发起工单，重新订正用电性质、定比定量。对客户的违约用电行为，根据《供电营业规则》（发改令〔2024〕14 号）相关条款进行电费电量追补，并追缴违约使用电费。

（2）党建+稽查工作模式，精准用能诊断。利用采集 2.0 系统和营销稽查监控系统相结合的工作模式密，密切关注用电异常客户。通过计量二次回路在线监测与状态监督，实时检测客户负荷曲线，利用大数据分析，精准把脉非市场化客户的用电异常，对于异常数据现场核实，党员主动深入一线冲锋在前，戴党徽、亮身份，发挥党组织战斗堡垒作用和党员的责任担当，善于发现问题、直面问题、解决问题，堵塞管理漏洞，提升管理水平。

3. 防

（1）严把新装流程管控，源头杜绝电价差错。在收到用户提出新装申请后，台区经理严格落实现场勘查；现场勘查时，应重点核实客户负荷性质、用电容量、用电类别等信息，结合现场供电条件，初步确定电源、计量、计费方案，并填写《现场勘查工作单》，最后利用行为记录对现场用电性质进行拍摄，留取影像资料。营销系统录入人员对提报低压业扩资料和影像资料进行再次核查，规范系统流程录入，确保现场用电性质与系统一致，从源头杜绝电价执行不正确的现象。

（2）借助计量设备主人制管理，强化用电全周期管控。利用网格化计量设备主人制管控，在周期巡视、临时巡视、特别巡视过程中，及时发现违约用电行为，2022 年通过计量主人制管控模式发现违约 3 起，追缴违约使用电费 1.8 万元，有效的维护正常供用电秩序和公司合法权益，保障电力系统安全稳定运行。

（3）深化营销稽查数字化内控体系，推动非市场化客户精益化管理。以"事前校验、事中预警、事后稽查"的营销业务风险防控新模式，实现对非市场化客户风险点的全面覆盖、分级防控、实时预警和快速响应。依托营销稽查平台，重点对农排持续 10～14 个月用电量超 3000、居民大电量、农业电价形成针对性主题规则，根据不同风险类型，按不同周期筛查疑似异常数据，常态开展稽查。切实地提升非市场化风险防控能力，推动公司经营效益和服务品质持续提升。

4. 惩

"刀刃向内"提升业务规范性、准确性，减少人为差错。通过内查外访相结合的方式"刀刃向内"，对内查找营销管理短板与盲点，针对基层重复发生的"习惯性违章"问题，梳理总结治理方案。出台"反窃查违实施方案"和员工自用电专项稽查行动，对内部职工电价执行错误、监守自盗、内外勾结、为客户牟利的坚决予以查处治理。

"查改防惩"一体化稽查，以创新模式、完善机制、技术升级、数据共享为重点，以问题为导向，聚焦非市场化客户电价稽查要点，实现了稽查管控一体化、内稽外查一体化、线上线下一体化、查改防惩"四个一体化"，全面提升非市场化客户风险的识别能力和防控能力。

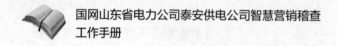

思考与练习

问题1：居民生活电价的适用范围是什么？

答案：

（1）城乡居民家庭住宅内的照明及生活设备用电，执行居民用电价格。

（2）机关、部队、学校、企事业单位集体宿舍的生活用电，按照居民生活用电的非居民生活电价执行。

（3）城乡居民住宅小区公用附属设施用电。

（4）社会福利场所生活用电。

（5）宗教场所生活用电。

（6）城乡社区居民委员会服务设施用电，指城乡居民社区居民委员会工作场所及非经营公益服务设施的用电。

（7）监狱监房生活用电价格按照我省居民生活中合表用户电价执行。

问题2：执行居民用电价格的学校包含哪些？

答案：执行居民用电价格的学校是指经国家有关部门批准，由政府及其有关部门、社会组织和公民个人举办的公办、民办学校，包括：

（1）普通高等学校（包括大学、独立设置的学院和高等专科学校）。

（2）普通高中、成人高中和中等职业学校（包括普通中专、成人中专、职业高中、技工学校）。

（3）普通初中、职业初中、成人初中。

（4）普通小学、成人小学。

（5）幼儿园（托儿所）。

（6）特殊教育学校（对残障儿童、少年实施义务教育的机构）。

不含各类经营性培训机构，如驾校、烹饪、美容美发、语言、电脑培训等。

问题3：何谓两部电价的计费？它包括哪些内容？

答案：《电力价格法政策汇编》水利电力部关于颁发〈电、热价格〉的通知（节选）两部电价制即由基本成本电费与电度电费之和构成的应收电费。按照目前电价规定，实行两部电价制的客户，还要根据其用电功率因数的高低实行功率因数的调整电费的办法。因此有的地区把两部电价称为大工业电价。

其构成包括以下三部分：

基本电价：是指按客户用电容量计算的电价；

电度电价：是指按客户用电度数计算的电价；

功率因数调整电费：是根据客户功率因数的高低，按一定比例减收或增收电费。

问题 4：电费违约金收取是怎样规定的?

答案：《电力供应与使用条例》第三十九规定：逾期未交清电费的，供电企业可以从逾期之日起每日按照电费总额的千分之一至千分之三加收违约金，自逾期之日起计算，超过 30 日经催交仍未交付电费的，供电企业可以按照国家规定的程序停止供电。

1.《供电营业规则》（发改令〔2024〕14 号）第九十八条规定：用户在供电企业规定的期限内未交清电费时，应承担电费滞纳的违约责任。电费违约金从逾期之日起计算日按欠费总额的千分之一计算。

2. 其他用户：

（1）当年欠费部分，每日按欠费总额的千分之二计算。

（2）跨年度欠费部分，每日按欠费总额的千分之三计算。

电费违约金收取总额按日累加计收，总额不足 1 元者按 1 元收取。

问题 5：电费违约金、违约使用电费、罚款的概念和区别是什么?

答案：电费违约金是客户未能履行供用电双方签订的《供用电合同》，未在规定的期限内交清电费，而承担的电费滞纳的违约责任。电费违约金由电费部门按迟交金额×迟交天数×规定的比例（千分之一至千分之三）计算。

违约使用电费是客户违章用电应承担的违约责任。它由供电企业根据违约行为的性质分别按补收电费的2～3倍，或按容量乘规定单价，或按规定金额收取违约使用电费，不是电费收入，而是供电企业的营业外收入。

罚款是电力管理部门对供用电各方违反《电力法》和《电力供应与使用条例》等法律法规的规定而给予的行政处罚。罚款是政府行为，罚款应上交各级地方财政。

问题6：《电力法》对电价、电费监督管理有何规定?

答案：《电力法》第四十三、四十四、四十五条规定：

（1）任何单位不得超越电价管理权限制定电价。供电企业不得擅自变更电价。

（2）禁止任何单位和个人在电费中加收其他费用；但是法律、行政法规另有规定的，按照规定执行。地方集资办电在电费中加收费用的，由省、自治区、直辖市人民政府依照国务院有关规定制定办法。

（3）电价的管理办法，由国务院依照《电力法》的规定制定。

问题7：试分析客户用电量升降原因?

答案：抄表工作是电费抄、核、收的第一道工序，是电能销售部门与用户取得经常联系的第一线。抄表人员每月抄表时，如发现用户的用电量与以前月份相比较，发生突增突减的变化，应及时了解情况，分析原因，找出原因，防止多计或少计电量。分析方法如下：

（1）分析用户用电情况。立即向用户了解本月用电是否有增产、减产、停产、设备检修或中断生产、停工待料、发生事故等特殊情况，影响用电量发生突增、突减的变化。

（2）检查电能计量装置。现场检查电能计量装置的运行有无异常情况，如电能表有无时走时停、卡字、跳字、倒走、烧坏、失压或表内气蚀、使用年限过长等问题。回单位后，应及时填写工作单，转有关部门处理。

（3）检查用户有无违章接线或窃电等异常情况。

实践经验证明：电能表计失准，一般都是通过对客户用电量的分析判断出来的，所以及时对客户用电量突增突减变化的原因进行分析是很重要的。

第八章　专变超容治理稽查要点

专变超容是专变用电异常的典型问题，如客户为规避大工业电价而故意超容，则损害了公司的合法权益，造成公司经济利益受损。同时，还会严重影响电力系统安全。本章从专变超容的核查要点和原则入手，讲授如何治理专变超容问题。

第一节　超　容　概　念

（1）私自在 T 接点更换大容量变压器或私自增加变压器行为；

（2）超过合同约定用电容量的行为。根据公司统一制式的《高压供用电合同》附件 1 术语解释，用电容量为"用电人申请、并经供电人核准使用电力的最大功率或视在功率"，非变压器铭牌标识容量。

第二节　超　容　危　害　性

（1）超容用电危害供电用电安全，扰乱供电用电秩序；

（2）配电变压器长时间超容使用，容易引发火灾和爆炸危险，存在极大

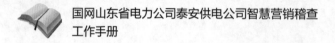

的安全隐患;

(3)供电企业和用户应当遵守国家有关规定,采取有效措施,做好安全用电、节约用电工作。

第三节 专变超容异常情况、核查要点及核查原则

1. 专变超容异常情况

近些年,用电检查人员在现场工作中经常会遇到这样一类问题,一些250kVA 的变压器按照铭牌标注和通过变压器容量测试仪进行测试,容量均为250kVA,但在实际使用过程中,通过采集系统监控功率曲线,发现该类变压器可以超容一倍以上,部分特种变压器甚至可超容至 500kVA。

2. 专变超容核查要点

(1)系统排查。

1)专变超容用电查询方法。

通过用电信息采集系统,对专变超容用电客户进行查询,主要查询专变用户的最大负荷是否大于其变压器运行容量,且大于运行容量的时间点数是否超过 2h,以此来判定该户是否疑似超容。

2)专变用户超容系统判定路径。通过用电信息采集系统—高级应用—反窃电分析—智能诊断分析—违约用电分析。

(2)现场核查。

1)变压器测容。现场使用变压器容量测试仪对变压器进行实际容量测试,

测试结果作为判定变压器实际容量的参考依据。

2）客户实际用电设备负荷。实际现场核查客户用电设备总负荷，与其运行容量是否相符，以及采集系统最大功率值比较，作为判定变压器实际运行负荷的参考依据。

3．专变超容核查原则

（1）系统核查。通过用电信息采集系统——违约用电分析明细 tab 页，导出需要现场核查的用户清单，按户进行电压、电流以及最大功率曲线对其系统确认是否存在超容以及超容点数、超容时长等信息。

（2）现场核查。重点核查客户实际用电负荷设备总负荷，以及变压器是否为特种变压器。特种变压器是通过改变变压器结构，合理地规避了现有容量变压器容量测试仪的原理与变压器容量标准的相关规定。特种变压器可以通过以下几点加以辨别：

1）变压器额定损耗，低于固定国标值 3200kWh。该类变压器厂家为了减少变压器发热，增大了低压箔片的高度与厚度（纯圈截面积），导致变压器损耗减小，从而达到减少变压器线圈过热的目的。

2）变压器体积。仅从外观上来看，特种变压器体积为同容量普通变压器 2 倍以上。主要原因是增大了低压箔片的高度与厚度（线圈截面积）与高压线圈的截面积，以便增大额定电流，这样就使得绕组体积增大；再就是特种变压器为了加强铁芯与绕组的散热，加大了铁芯、绕组与变压器上下左右外壳之间的距离，进而增加变压器油的数量以便于更好的散热。

3）变压器低压接线柱截面积。根据 GB/T 5273《变压器高压电气和重

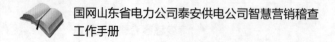

工业套管的接线端子》规定，正常 250kVA 变压器的低压三相接线柱型号为 16mm 直径，而 250kVA 特种变压器低压三相接线柱型号为 20mm 直径。但按国标规定，500kVA 及以上变压器才会采用直径 20mm 的低压三相接线柱。

4）变压器实际型号内部标记。仔细观察特种变压器的内部结构，发现超容变压器厂家会在绕组上做好改动标记。超容变压器在绕组上标注了 S11-250-5，其中 S11 表示变压器损耗等级，250 表示铭牌容量标注的容量 250kVA，多余的 5 则表示该变压器实际容量为 500kVA。厂家同时还标注了该变压器的实际生产时间及生产该变压器的具体技术员。主要目的是为了在变压器故障后返厂维修时，厂家可以通过该变压器的实际型号进行及时更换，并确定组装该变压器的人员，更快的分析故障原因。

5）变压器低压绕组高度（截面积）。同样是 250kVA 变压器，普通变压器的低压绕组高度是特种变压器的低压绕组高度的 2/3，也即增大了低压箔片的截面积，同时厂家技术人员表示，特种变压器的箔片的厚度也比正常变压器要厚。

6）变压器铁芯大小与材质。为了使同容量的 250kVA 变压器可以通过更大的电流，除增加高、低压绕组的截面积外，还应使铁芯可以产生更大的磁通量及增大磁通变化率，这样就需要增加铁芯硅钢片的体积并改良铁芯材质，这就会导致铁芯的体积不可避免的增大，进而增加特种变压器的整体体积。

7）变压器绕组距接线柱高度。普通变压器，其绕组与上侧接线柱间高度近乎贴合，而特种变压器的绕组与上侧接线柱间高度为 30cm，是普通变压器该位置高度的 6 倍。而之所以采用该种结构，是为了增加上部空间，填装更多的变压器油，便于散热。

8）变压器油道数量。正常情况下，对 250kVA 变压器来说，高低压绕组的层间绝缘不使用油道，而只采用绝缘纸。只有高低间绕组之间的绝缘有 1 层油道。对于 250kVA 特种变压器来说，有 4 层油道，分别为高低压绕组之间绝缘 1 层油道，低压绕组层间绝缘 2 层油道，高压绕组层间绝缘侧 1 层油道。之所以增加了 3 层油道，是因为特种变压器是通过增加变压器高低压绕组匝数与截面积以使变压器在维持正常阻抗的情况下增变压器容量，但增加了绕组截面积也即增大了高低压线圈通过的电流大小，根据线圈发热量公式 $P = I^2R$，还是会造成变压器绕组内部会过热，因此厂家会采用多种手段来增加变压器内部空间及绕组之间的空间，以便于装入更多的变压器油来增加散热。

（3）专变超容用户判定。依据《高压供用电合同》中约定的运行容量、用电信息采集系统中违约用电分析明细，以及用户现场用电检查情况，综合判定客户是否超容。

1）现场检查客户实际用电设备负荷的总负荷值累计已超过合同约定的容量的，根据其用电信息采集系统最大功率负荷值，初步判定其已超容。

2）现场对客户变压器进行外观检查，并对名牌标注容量进行核对，以及对变压器容量进行测容，即使现有测容仪测得变压器容量与名牌容量相符，但变压器体积较大的，且客户现有用电设备总负荷值已超出变压器运

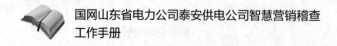
行容量的，依据用电信息采集系统的最大负荷情况，也可综合判定变压器超容。

3）实际客户变压器非特种变压器，只是因某种原因，客户私自将原有容量增加至现有容量但未在供电公司办理增容手续的，同样会导致变压器运行容量超容。

第四节　现场检查流程及注意事项

1. 数据分析

（1）营销系统核查该户合同容量、运行容量、用电类别以及何时进行过何种变更等，掌握客户的流程信息。

（2）根据用电信息采集系统违约用电分析模块，对超容用户电压、电流、功率曲线进行用电负荷分析，初步掌握客户用电规律以及最大负荷值及超容时间等情况。

2. 制订方案及确定检查人员

（1）综合营销与采集系统数据比对分析，初步判定客户是否超容以及超容量、超容时间等信息，制订现场检查方案。

（2）向现场工作负责人下达检查任务，并对现场检查方案进行工作交底；工作负责人根据工作内容和现场检查方案（必要时）确定工作班成员。

3. 现场检查前工作及安全工器具准备

（1）现场检查前工作准备。

1）依据工作任务填写工作票或现场作业工作卡；办理工作票或现场作业工作卡签发手续；

2）打印现场《用电检查工作单》，核对检查对象基础档案信息；

（2）安全工器具准备。包括安全帽、线手套（绝缘手套）、工作服、绝缘鞋、护目镜、高压验电器、低压验电笔、绝缘梯、踩板（脚扣）、安全带等。

（3）辅助工器具。包括照明设备、望远镜、放大镜、无人机等。

（4）测量工器具。包括钳形万用表、相位伏安表、用电检查仪、变压器容量测试仪、高低压互感器变比测试仪、单（三）相电能表校验仪、电缆路径探测仪等。

（5）影像记录设备。包括照相机、摄像机、音视频记录仪等。

（6）封存用品，包括封印、封条、封丝、物证封装袋（箱）等。

所有工器具应检验合格，并在有效期内。常用工器具金属裸露部分应采取绝缘措施，螺丝刀除刀口以外的金属裸露部分应用绝缘胶布包裹；无人机需在允许的区域内作业，操作人员需有对应资质；测量工器具使用需符合操作规程。

4. 现场检查

（1）全程录像取证。两名及以上工作人员，至少配备两台音视频记录仪，全程记录现场检查过程及取证过程。涉及电话录音取证的，明确告知当事人正在录音取证。全程记录不可中断。电话录音须明确告知当事人正在录音取证，并对告知过程进行音（视）频记录。

（2）邀约见证。开展现场检查前出示工作证，通知用户见证检查过程，有条件时邀约公安、物业管理等第三方人员全程协同见证检查过程。现场检查时，用户不在现场或拒绝配合的，须邀约第三方见证人协同见证检查过程。

（3）核对检查对象并确认安全措施。核对检查对象，包括检查对象用户名称、用电地址、电能表表号等是否正确；根据工作票或现场作业工作卡所列安全要求，落实安全措施。

（4）现场检查。

1）加封电力设备的封条（封印）是否完好，已封存设备是否在用电。

2）用电性质与执行电价是否匹配。

3）用户变压器铭牌额定容量与合同容量是否一致，变压器外观、体积是否异常。

4）用户的各项用电设备的负荷，以及设备使用时间等。

5）计量箱（柜）、电能表、试验接线盒封印是否缺失，外观是否完好，颜色是否正确，封印编号与系统是否一致。

6）电能表显示的相序、电压、电流、功率、功率因数、当前日期及时间、时段等是否存在异常。

（5）仪器检查。

1）用钳形万用表测量计量装置各位置电流、电压等参数，对比各位置测量值与电能表显示值是否一致，判断是否存在失压、失流等现象。

2）用相位伏安表、用电检查仪或电能表校验仪测量各元件电压与电压、电压与电流之间的相位角，判断是否存在移相、功率因数异常等现象。

3）用变压器容量测试仪测量变压器的负载损耗、阻抗电压、容量等参数，判断测试参数与铭牌、系统及档案资料是否一致。

4）用电缆路径探测仪探测电缆走向，判断是否存在交叉供电现象。

（6）检查结果告知。

1）根据检查结果如实填写《用电检查结果通知书》，当场告知用电人用电检查结果以及配合后续调查处理的相关事宜后，由用电人进行签收，用电人拒绝签收的，在签收栏注明何人、何时拒绝签收，并同步录音（像）。

2）用户由于客观原因无法当面签收的，采取留置送达或邮寄送达方式。留置送达须第三方见证人在场或电话告知用电人，在用电人处醒目位置张贴《用电检查结果通知书》，同时拍照留存。邮寄送达按照用电地址邮寄，并留存寄送凭证。

（7）现场处置。

1）发现确有违约用电行为的，要求其拆除私增容设备、停用违约使用设备、拆除擅自引入（供出）电源或私自并网接线等。

2）发现存在安全隐患的，要求其立即整改，消除隐患。对不能立即消除隐患或拒不整改的，按相关规定向电力主管部门报告。

（8）注意事项。查实不属超容量用电的，应明确系统数据与现场数据不符的原因，记录现场核查结果；系统数据或档案信息存在错误的，应及时按流程完成整改更新。

第五节 超容用电处理流程

1. 下达《用电隐患告知书》

及时向客户下达书面隐患通知书，严格落实"服务、通知、督导、报告"四到位的工作要求，明确整改时限，要求客户及时调整负荷或按时办理增容手续，并由客户签字。客户拒收，可发挂号信或通过属地应急管理局派发告知。

2. 发起违约窃电工单

在营销业务应用系统及时发起违约窃电工单，并按照《国家电网有限公司 95598 重要服务事项报备管理规范》有关要求及时进行报备。

3. 下达《违约用电通知书》

对客户超容量用电行为，各单位应按照《电力供应与使用条例》《供电营业规则》（发改令〔2024〕14 号）和《供用电合同》相关条款，追究超容量用电违约责任，对于客户变压器的实际运行容量，可按照最大需量值确定。

4. 拒不增容的客户处理方式

对于在规定的期限内拒不增容，且仍然存在超容量违约用电行为的客户，各单位应严格按照《电力供应与使用条例》《供电营业规则》（发改令〔2024〕14 号）和《供用电合同》相关条款进行处理。

5. 超容治理的政策依据

（1）根据《中华人民共和国电力法》第六十五条，危害供电用电安全，扰乱供电用电秩序的，由电力管理部门责令改正，给予警告，情节严重或拒绝改正的，可以中止供电。

（2）根据《电力供应与使用条例》第四十条，违章用电的，供电企业可以根据违章事实和造成的后果追缴电费，按照国务院电力管理部门的规定加收电费和国家规定的其他费用；情节严重的，可以按照国家规定的程序停止供电。

（3）根据《供电营业规则》（发改令〔2024〕14号）第一百条相关规定，擅自超过合同约定的容量用电的，为违约用电行为。供电企业对查获的违约用电行为应及时予以制止。属于两部制电价用户，应补交私增设备容量和使用月数的基本电费，并承担三倍补交基本电费的违约使用电费；单一制电价用户，应承担私增容量每千瓦（千伏安）50元的违约使用电费。

（4）《山东省电力设施和电能保护条例》第三十四条提出用电信息采集设备所记录的相关数据可以作为窃电时间和窃电量计算的依据。

第六节 典 型 案 例

1. 一般工商业客户超容

2020年6月份用电检查人员通过用电信息采集系统对客户超容情况进行监控，发现客户吴某于2020年6月25日最大负荷已达45.17kW，属于最大负荷超容的违约用电行为。

（1）客户基本信息。客户吴某：用户分类为"高压"、用电类别为"一般

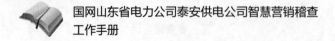

工商业"、合同容量为"15kVA",属于共用专变分摊容量用户。

（2）用电信息采集系统筛查情况。登录用电信息采集系统—高级应用—反窃电分析—智能诊断分析—违约用电分析。

筛查该户 2020 年 6 月 25 日最大负荷已达 45.17kVA,根据《高压供用电合同》附件 1 术语解释：用电容量为"用电人申请、并经供电人核准使用电力的最大功率或视在功率",非变压器铭牌标识容量。该户属于超出合同的约定容量用电的违约行为。

（3）现场检查。系统筛查客户存在超容量用电后,随即由属地供电所向客户下发《用电隐患告知书》及《用电检查结果通知书》,限期客户整改并到属地供电所进行违约处理,客户签字确认后留存上传系统。拒不认可的,可以采取挂号信邮寄或通过属地应急管理局派发告知的方式,通知客户其违约行为。

（4）营销系统发起违约窃电工单。在营销业务应用系统及时发起违约窃电工单,并按照《国家电网有限公司 95598 重要服务事项报备管理规范》有关要求及时进行报备。

（5）违约用电处理。根据《供电营业规则》（发改令〔2024〕14 号）第一百条第二款的规定"私自超过合同约定的容量用电的,除应拆除私自增容设备外,属于两部制电价的用户,应补交私增设备容量使用月数的基本电费,并承担三倍私增容量基本电费的违约使用电费。"单一制电价用户,应承担私增容量每千瓦（千伏安）50 元的违约使用电费,如用户要求继续使用者,按新装增容办理手续。

系统核查该户最大负荷 45.17kVA，超出合同约定容量 30.17kVA，属于违约用电行为，该户属于单一制电价用户，应承担私增容量每千瓦（千伏安）50 元的违约使用电费。详细计算步骤如下：

应追违约使用电费：（45.17kVA-15kVA）×50 元=1508.50 元。

（6）违约处理后，客户整改情况。

1）该户为共用专变分摊容量用户，应依据现场核定的用户负荷设备的总容量对客户的运行容量进行档案订正，2022 年 4 月 26 日对客户容量进行系统整改并与客户重新签订《高压供用电合同》。

2）采集系统进行用电负荷监控，连续三个月以上未超容视为已整改。

2. 大工业客户超容

2022 年 12 月份公司集中开展超容量用电治理，用电检查人员通过用电信息采集系统对客户超容情况进行监控，发现客户××制造公司于 2021 年 8 至 12 月份最大负荷已达 733.76kW，属于最大负荷超容的违约用电行为。

（1）客户基本信息。客户××制造公司：用户分类为"高压"、用电类别为"大工业用电"、合同容量为"630kVA"，行业分类为"金属加工机械制造"。

（2）用电信息采集系统筛查情况。登录用电信息采集系统—高级应用—反窃电分析—智能诊断分析—违约用电分析。

筛查该户 2021 年 8 月份最大负荷为 733.76kVA，9 月份最大负荷为 731.28kVA，10 月份最大负荷为 713.28kVA，11 月份最大负荷为 676.08kVA，根据《高压供用电合同》附件 1 术语解释：用电容量为"用电人申请、并经

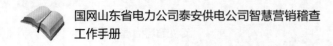

供电人核准使用电力的最大功率或视在功率",非变压器铭牌标识容量。该户属于超出合同的约定容量用电的违约行为。

（3）现场检查。系统筛查客户存在超容量用电后,随即由属地供电所向客户下发《用电隐患告知书》及《用电检查结果通知书》,限期客户整改并到属地供电所进行违约处理,客户签字确认后留存上传系统。拒不认可的,可以采取挂号信邮寄或通过属地应急管理局派发告知的方式,通知客户其违约行为。

（4）营销系统发起违约窃电工单。在营销业务应用系统及时发起违约窃电工单,并按照《国家电网有限公司 95598 重要服务事项报备管理规范》有关要求及时进行报备。

（5）违约用电处理。根据《供电营业规则》(发改令〔2024〕14 号)第一百条相关规定,擅自超过合同约定的容量用电的,为违约用电行为。供电企业对查获的违约用电行为应及时予以制止。属于两部制电价用户,应补交私增设备容量和使用月数的基本电费,并承担三倍补交基本电费的违约使用电费;单一制电价用户,应承担私增容量每千瓦(千伏安)50 元的违约使用电费。

系统核查该户 2021 年 8 月份最大负荷为 733.76kVA,超出合同约定容量 103.76kVA;9 月份最大负荷为 731.28kVA,超出合同约定容量 101.28kVA;10 月份最大负荷为 713.28kVA,超出合同约定容量 83.28kVA;11 月份最大负荷为 676.08kVA,超出合同约定容量 46.08kVA,属于违约用电行为。该户属于两部制电价用户,应补交私增设备容量和使用月数的基本电费,并承担三倍补交基本电费的违约使用电费。计算过程如下：

8 月：追补基本电费：（733.76-630）×28=2905.28（元）；

违约使用电费：2905.28 元×3 倍=8715.84（元）；

小计：2905.28 元+8715.84 元=11621.12（元）。

9 月：追补基本电费：（731.28-630）×28=2835.84（元）；

违约使用电费：2835.84 元×3 倍=8507.52（元）；

小计：2835.84 元+8507.52 元=11343.36（元）。

10 月：追补基本电费：（713.28-630）×28=2331.84（元）；

违约使用电费：2331.84 元×3 倍=6995.52（元）；

小计：2331.84 元+6995.52 元=9327.36（元）。

11 月：追补基本电费：（676.08-630）×28=1290.24（元）；

违约使用电费：1290.24 元×3 倍=3870.72（元）；

小计：1290.24 元+3870.72 元=5160.96（元）。

合计应追基本电费：

2905.28 元+2835.84 元+2331.84 元+1290.24 元=9363.20（元）。

违约使用电费：

8715.84 元+8507.52 元+6995.52 元+3870.72 元=28089.60（元）。

（6）违约处理后，客户整改情况。

1）该户为高压专变用户，客户于 2022 年 3 月 4 日申请增容至 800kVA，

已于 2022 年 4 月 14 日完成增容。

2）采集系统进行用电负荷监控，连续三个月以上未超容视为已整改。

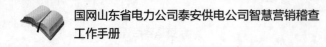

3. 通过诉讼追收违约案例

（1）诉讼背景。

某公司超容量用电客户主要集中在镇钢球园区钢球生产企业，该园区内异型变压器较多，普遍存在高抗过载能力，2008年以来，由于缺乏强有力的监测手段，专变超容的定义相对模糊，超容治理推进困难，区域内客户相互之间效仿，经常通气，共同抵制，导致该历史遗留问题一直未得到有效解决。截至2021年11月份，公司累计超容已达百余户，镇钢球园区超容量用电客户占全县超容客户比例多达80%，成为决定治理成效的"上甘岭"。公司多次上门、逐一施策，但客户联络抱团、合力抗拒，超容治理举步维艰。面对严峻形势，某公司党委谋定后动、反复酝酿，确定了"依靠政府、确保合规、诉诸法律"的总基调。结合客户现状，明确了"入户沟通、违约停电、规范诉讼"的三步走策略。

（2）促请政府发文。2020年9月份，省市公司先后下发通知，要求开展专变客户超容用电专项核查治理。

2021年上半年，某公司将超容治理工作作为反窃查违工作的中心工作来抓。向超容客户下达了《用电隐患告知书》《用电检查结果通知书》《违约用电通知书》；多数钢球厂客户对检查结果有异议，《违约用电通知书》不签字、不认可。2021年7月，促请县发改局联合发文《关于强化钢球园区超容用电治理确保安全生产的通知》，对几十家钢球加工客户下达整改通知书。

（3）依法依规开展超容治理。在通知下发后，超容客户依然抱团抵抗，不予理睬。镇政府则顾忌换届期间的稳定问题，并存在地方保护思想，态度含糊，未给予有效的支持。2021 年 12 月份，某公司认真分析镇超容治理的困难局面，成立超容治理工作专班，启动超容专项治理。12 月 8 日，公司召开专变超容客户治理攻坚会，并下发了《专变超容客户治理攻坚方案》，系统摸排客户超容数据，编制"一户一案"现场处理方案，制订用户整改计划，分阶段、分步骤逐户推进，每周召开超容攻坚治理例会，实行超容攻坚治理包保制度，营销部人员按供电所分工进行包保，并组建超容工作微信群，同时对超容量用户集中发起违约工单。

治理过程中，逐户开展违约告知，下达用电隐患告知书和违约用电通知书，将超容治理相关规定解释到位。首先书面通知客户，客户不认可的则下发停电通知，强制停电。仅少数客户缴纳了 8～11 月份违约使用电费，仍有大量客户不认可超容现象，不同意缴费整改，多次沟通无果，现场停电也遭到客户极力阻挠，公司、属地供电所均遭到客户的集体围攻和谩骂。公司守土有责、守土尽责，抗住各方压力，坚持"不交费、不整改，不予复电"原则，坚决实施远程停电。2021 年 12 月 22 日，联盟瓦解，出现第一家客户妥协，交费并承诺立即压降负荷，超容治理取得突破。

（4）依法诉讼维权。公司在开展超容攻坚治理的同时，同步对超容户的超容证据进行公证（公证处工作人员，在营销部五楼办公室现场采集录制公证材料）。进入 2022 年 3、4 月份，园区超容治理基本陷入停滞状态，部分客户拒绝与公司沟通超容治理问题，无视公司通知，依然长期超容。为保证超容治理工作有效推进，某公司决定采取法律诉讼方式，通过法院强制超容客

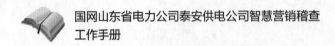
户缴纳违约使用电费,制止其超容行为,并于 2022 年 4 月份对 2 家钢球企业,提起诉讼,依法维权,通过 2 次开庭审理,公司取得胜诉。

在起诉过程中,某公司积极多次与法院相关领导汇报,反映了超容治理的巨大危害,取得了法院足够的理解和支持。同时法院也敏锐地发现钢球企业超容问题也是很大的社会问题,首先是巨大的安全隐患,此外频繁的司法案件也会影响到整个乡镇的治安评价。于是法院相关领导和某公司共同与堽城镇主要领导进行了会面,再次阐述了超容治理的刻不容缓,建议对剩余超容客户采取统一方式,彻底解决客户超容问题。镇新任班子非常重视,安排专人盯靠,做好工作协调。2022 年 6 月上旬,镇、法院出面,召集了超容客户座谈会,在会上与多数客户达成了共识:超容治理,整改是第一位的,超容客户需要与供电公司签署一份调解协议,确定整改日期,保证不再超容;同时缴纳前期下发违约用电通知书中 2021 年 8～11 月违约使用电费。

公司在超容攻坚治理的同时,同步建立超容治理常态化机制,并编制《超容治理长效机制操作流程》《超容用电一次性告知书》,捋顺了超容治理流程。自超容治理工作开展以来,某公司累计治理超容客户 96 户,采取停电措施 12 户,寄送 EMS 停电通知书 30 余份,非持续超容、非主观超容客户,51 户客户已主动调整生产负荷,全款缴费客户 73 户,缴纳违约使用电费 108.8 万元。通过法院调解,签署调解协议书 12 户,涉及违约金额 38.9 万元。目前,每日监测高压专变客户超容情况,已实现动态清零。

本章节介绍了超容量用电的定义,用户超容量用电属于危害供用电安全、扰乱正常供用电秩序的行为，属于违约用电行为，根据《供电营业规则》（发改令〔2024〕14 号）第一百条第 2 款"私自超过合同约定容量用电的，除应拆除私增容设备外，属于两部制电价的用户，应补交私增容设备量使用月数的基本电费，并承担三倍私增容量基本电费的违约使用电费；其他用户应承担私增容量每千瓦（千伏安）50 元的违约使用电费。如用户要求继续使用者，按新装增容办理手续"针对超容量用电及疑似超容量用电客户防范工作必须要做到位，同时，还应该有针对性对其具体情况进行研判，采取更加符合实际问题的应对措施，才能够提高变压器的运行安全和质量水平，严格落实"服务、通知、督导、报告"四到位的工作要求，明确整改时限，要求客户及时调整负荷或办理增容手续，并由客户签字。客户拒收，发挂号信告知，对于在规定的期限内拒不增容，且仍然存在超容量违约用电行为的客户，各单位应严格按照《电力供应与使用条例》《供电营业规则》（发改令〔2024〕14 号）和《供用电合同》相关条款进行处理，下发违约停电通知书 7 日后，停电前 30 分钟再通知一次，对客户进行停电。

思考与练习

问题 1：什么是超容量用电？

答案：超容量用电是指超过合同约定容量用电行为，是一种比较常见的违约用电行为。根据《电力供应与使用条例》第五章第三十条第二款"用户不得有下列危害供电、用电安全、扰乱正常供电、用电秩序的行为："二是擅自

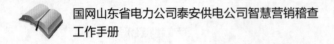

超过合同约定的容量用电。

问题2：超容量用电产生的原因？

答案：超容量用电一般由以下两种原因产生：

（1）部分用户依法用电意识淡薄，认为自己只要按规定缴纳电费用多少电都是合法的行为，不知道超容量用电属于违约用电行为，甚至不知道用电容量增加了 需要向供电部门提出增容申请。

（2）部分用户知道该行为属于违约用电行为，且用户申报的用电容量已经无法满足自身需要，但为了少交电费、不交增容改造费用，而故意超容量用电。

问题3：配电变压器超容量用电的危害？

答案：专变用户为减少增容费用，违规增加用电设备容量，导致其变压器超负荷用电，以致变压器烧坏，给供电企业配电网设备安全稳定运行带来极大安全隐患。专变用户私自更换变压器铭牌，"以大充小"，节省无功设备投资费用，规避考核，计量装置与变压器容量不匹配，造成误差增大，给供电企业造成重大经济损失。公用配电变压器超负荷运行，将造成配电变压器过热，出现渗油现象，严重时会造成变压器烧毁。

问题4：用电超容是如何计算？

答案：用电超容是指用户在某一时段或某几个时段超过核定容城或变压器容馈运行。超容有3种情况：

一是"低供低计"小用户超容；

二是变压器容量在 315kVA 及以上实行两部制电价的工业类用户超容，

目前供电企业追究的主要是这类用户；

三是其他专用变用户超容。"超容用电"，即超过合同约定容量用电。

供电企业与每个用电客户签订的供用电合同中有明确的条款约定用电容量，是用电客户与供电企业共同履行的职责和义务之一。

供电企业随时可以根据电能计量表计等相关数据，判断用电客户是否存在"超容用电"行为。

问题 5：用户超容量用电的事前防范？

答案：《电力供应与使用条例》《供电营业规则》（发改令〔2024〕14 号）等法规、规定中对超容量用电都有明确的规定和处罚措施，供电企业可以通过对用户电力法规的普法宣传，使用户明白超容量用电属于违约用电行为，一经发现会受到相关的处罚，可以一定程度上减少超容量现象的发生。